숨은 노동 찾기

숨은
노동
찾기

**당신이 매일 만나는
노동자들 이야기**

송 기 　 역
기 　 　 획

최 규 화
정 윤 영
신 정 임
지 　 음

오월의봄

너무도 익숙한,
너무도 낯선 10가지 이야기

송기역, 르포작가

당신은 아침 7시에 잠을 깬다. 아침운동을 하러 나서는 골목길은 깨끗하게 치워져 있다. 간밤에 내놓은 쓰레기들은 다 어디로 갔을까? 당신은 출근길 편의점에서 도시락으로 아침을 대충 때운다. 어느덧 점심시간, 식사를 마친 후엔 자녀에게 전화를 건다. 아이는 급식을 먹은 직후다. 오후 일을 하다 말고 당신은 핸드폰 요금 고지서를 확인하고 콜센터에 전화를 건다. 퇴근 후엔 아내와 함께 대형마트에 들러 장을 본다. 밤이 깊어 잠들 무렵 문득 요양원에 있는 어머니 안부가 걱정된다. 통화를 마친 당신은 안심한 듯 잠자리에 든다.

하루하루 반복되는 일상에 지쳐갈 무렵, 어느덧 금요일이 되었다. 휴일을 앞두고 한껏 여유로워진 당신은 친구를 불러내 밤늦도록 술을 마신 후 대리운전 번호를 누른다. 기다리던 주말이다. 토요일 아침 당신은 가족과 함께 드라마를 시청한다. 즐겨보는 사극 드라마엔 보조출연자들이 조선 시대 의상으로 화면 바깥으로 사라져간다. 저녁엔 아이들과 함께 영화관을 찾는다. 아이들은 팝콘을 사달라고 조른다. 다음 날은 일요일. 당신은 자가용을 몰고 단풍 구경을 떠난다. 고속도로 톨게이트 수납원이 미소를 던진다.

위 글 속엔 이 책의 주인공들이 문장마다 숨어 있다. 책을 읽는 내내 당신과 동행할 것이다. 이 책은 당신 곁에 가까이 있는 이들, 요람에서 무덤까지 당신의 일상의 일부인 이들, 그래서 보이지 않는 존재들의 이야기이다. 그래서 애써 찾아야만 하는 이들의 이야기이다. 이 책의 제목을 《숨은 노동 찾기》로 삼은 까닭이다.

우리가 매일 만나는 노동자들. 그들은 누구일까? 그들은 어떤 환경에서 어떤 일을 하고 있을까? 그들은 어떤 개인사를 간직한 채 지금 그곳에서 땀 흘리고 있을까? 우리는 대개의 독자들이 궁금해하는, 적당히 꾸며진 성공담이나 어떤 분야에서 일가를 이룬 이들의 이야기를 찾아나서지 않았다. 그런 이야기는 오늘자 신문이나 조만간 도착할 잡지의 지면 곳곳에 모자람 없이 실려 있을 터이기 때문이다.

우리는 오히려 다들 알고 있다고 '착각'하는 이들의 삶, 우리가 놓치고 사는 이웃의 이야기가 궁금했다. 그들 그리고 그들의 노동을 알고 싶었고, 찾아나섰다.

이 책은 그다지 특별할 게 없는 뻔한 노동의 풍경을 상상하는 이라면 들여다보아야 할 우리 이웃의 이야기이고 '새로운' 노동의 풍경화이다. 이 책의 모든 과정을 함께했고 첫 번째 독자였던 나는《숨은 노동 찾기》의 책읽기를, '너무도 익숙한 것에서 너무도 낯선 것'을 발견하는 과정이라고 말하고 싶다.

이 책을 준비하며 우리는 몇 차례 토론을 거쳐 일상에서 시민들이 접하는 우리 사회 열 곳의 노동 현장을 선정했다. 노동자와 노동 현장을 선정하는 일부터 어려움을 겪었다. 글로 담고 싶은, 담아야 할 현장이 너무 많았기 때문이다. 가급적 언론 및 사회적 관심에서 멀리 있는 작은 현장을 중심으로 살펴보았고, 소외된 지방의 노동 현장을 놓치지 않으려 애썼다.

이러한 과정을 거쳐 세 명의 르포작가-최규화, 정윤영, 신정임-가 수도권과 전주, 세종, 청주 등 지방을 오가며 그들의 목소리를 수집했다. 우리가 만난 이들은 급식 조리원, 아르바이트 노동자, 장례지도사, 콜센터 상담원, 대리운전 기사, 요양보호사,

톨게이트 수납원, 청소 노동자, 보조출연자(엑스트라), 마트 계산원이다.

저자들은 한 노동자의 개인사를 통해 노동의 풍경을 묘사하고 재구성했다. 되도록 자신의 목소리를 절제하고 그들의 이야기를 왜곡 없이 전하려 노력했다. 르포작가의 목소리는 '후기'를 통해 직접 들을 수 있다. 기록자로서 그들의 고민과 사유, 인터뷰의 행간을 접할 수 있는 후기는 또 하나의 흥미롭고 소중한 읽을거리이다.

이 책은 외롭게 싸우는 이들의 '송곳 같은' 이야기이고 우리 사회 불안정노동의 보고서이기도 하다. 심지어 봉혜영 씨는 2년 넘게 홀로 싸우고 있다. 드라마 〈송곳〉에 나오는 노동과 외로운 싸움의 우여곡절이 이 책에 담긴 10곳의 노동 현장에도 고스란히 스며 있다. 또한 드라마에서 담기 어려웠을 날것의 사실 그대로의 이야기들도 생략하지 않았다.

우리가 매일 만나는 노동자들의 이야기를 들어야 하는 이유는 본문의 영화 〈카트〉의 대사를 인용한 구절에서 만날 수 있다. 해고를 당한 마트 노동자 염정아가 시민들에게 외친 목소리다.
"우리는 투명인간이 아닙니다."

영화 〈모던 타임즈〉에 나오는 톱니바퀴들처럼 우리는, 우리의 노동은 서로 연결되어 있다. 하나의 바퀴만 고장 나도 시계는 멈춘다. 바퀴와 바퀴는 맞물려 있지만 서로 볼 수 없게 설계된 시계. 본문 내용 중 연대의 뜻을 돌이켜 생각하게 한 구절이 있다. 국어사전엔 '연대'의 뜻풀이가 이렇게 나와 있다.

"한 덩어리로 서로 연결되어 있음."

연대한다는 것은 우리가 서로 연결되어 있음을 확인하는 것에서 시작해야 함을 깨닫게 하는 뜻풀이다.

이 책이 타자에 대한 상상력을 회복하고 우리 곁의 노동·노동자와 연대하는 계기가 되길 바라는 심정으로 작가들은 거리를 누비며 사람을 찾고 그들의 목소리를 담았다. 제대로 안다는 것은 연대의 출발이기 때문이다.

세상의 이야기를 찾아나서기 위해 모인 우리는 앞으로도 기록이 필요한, 지구 곳곳에 숨어 있는 이야기를 찾아나설 것이다. 이 책은 그 첫 번째 작업이다.

글을 쓰는 일도 책을 읽는 일도 연대라는 믿음으로, 숨겨진 이 땅의 모든 노동과 노동자에게 이 책을 바친다.

차례

들어가는 글　　　　　　　　　　　　　　　　　　　　　　**5**

첫 번째 이야기　　　　　　　　　　　　　　　　　　　　　**13**

　　"노조가 있응게, 힘이 생겼어요"
　　학교급식 조리원 노동자 김옥자 씨

두 번째 이야기　　　　　　　　　　　　　　　　　　　　　**37**

　　그 자체로 존중받아야 할 '알바 노동'
　　알바 노동자 구교현·조윤·윤가현 씨

세 번째 이야기　　　　　　　　　　　　　　　　　　　　　**65**

　　"용서해준다? 저희가 무슨 죄 지었습니까?"
　　장례지도사 유준한 씨

네 번째 이야기　　　　　　　　　　　　　　　　　　　　　**87**

　　투쟁 700일, 매일 1인시위를 하는 사람
　　콜센터 상담원 봉혜영 씨

다섯 번째 이야기　　　　　　　　　　　　　　　　　　　　**115**

　　그들의 조용한 꿈
　　대리운전 노동자 최장윤 씨

여섯 번째 이야기   **145**

우리의 노동은 봉사가 아니다

청주시노인전문병원 요양보호사 권옥자 씨

일곱 번째 이야기   **171**

고속도로 위 마네킹처럼 앉아 있는 그녀들

서울고속도로 톨게이트 수납원 한은미 씨

여덟 번째 이야기   **193**

그림자 청소부

K기업 청소 노동자 박봉순 씨

아홉 번째 이야기   **215**

몸으로 익혀온 삶의 철학

보조출연자 문계순 씨

열 번째 이야기   **245**

우리의 목소리를 되찾다

대형마트 노동자 김진숙 씨

"노조가 있응게,
힘이 생겼어요"

학교급식 조리원 노동자 김옥자 씨

기록 최규화

'급식 대란.' 2014년 11월 20일과 21일, 학교비정규직 노동자들의
파업을 앞두고 기자들은 또 그 지겨운 네 글자를 제목에 달고
기사를 썼다. 노동자들이 파업을 할 때마다 언론은 '물류 대란'
이니 '교통 대란'이니 하는 식의 말들을 만들어왔다. 참 궁금할
따름이다. 하루만 운송을 멈춰도, 하루만 급식을 멈춰도 '대란'이
날 정도라면서, 그 중요한 일을 하는 노동자들을 왜 그렇게밖에
대접하지 않는지.

　2014년 11월 학교비정규직 파업에 17개 광역시도 가운데 5개
시도(강원, 경기, 경남, 광주, 대전) 노동자들은 참여하지 않았다. 교
육청과 협상을 통해 파업을 유보했기 때문인데, 그 가운데 4개
시도 교육청과 학교비정규직 노조의 합의안은 바로 '급식비 8만
원 신설'이었다. 밥값 8만 원을 약속하는 것만으로도 막을 수 있

는 '대란'이라, 참 우습기도 했다.

그렇게 손쉽게 만들어진 '대란'은 또 손쉽게 잊혔다. 파업은 끝났지만 싸움은 끝난 것이 아니었다. 12월 초에도 전국학교비정규직노동조합(학교비정규직노조) 충남세종지부장 우의정 씨는 단식농성을 하고 있었다. 충남교육청과 임단협 교섭을 계속하는 가운데, 교육청이 비정규직 스포츠 강사 100여 명을 감원하기로 했기 때문이었다. 단식농성 4일 만에 감원 계획은 철회됐지만 교섭은 계속 난항을 거듭했다. 노조는 2차 파업을 경고했다.

김옥자(59) 씨를 만난 것은 그때쯤이었다. 학교비정규직노조 충남세종지부 논산지회장인 김옥자 씨는 학교 급식이 국가주요 정책사업으로 실시된 1995년부터 초등학교 급식실에서 일했다. 조리원 경력만 20년. 우의정 씨가 "학교비정규직 이야기를 들으려면 우리 '왕언니'만 한 분이 없다"며 김옥자 씨를 소개해줬다. 전화로 "아이고 저 같은 사람 이야기가 도움이 될까요?" 하는 김옥자 씨의 목소리가 참 순박했다. 그 목소리를 직접 듣기 위해 12월 14일 논산시 강경읍 그의 집으로 찾아갔다.

집 앞까지 마중을 나온 김옥자 씨는 한눈에 보기에도 다리가 편치 않아 보였다. 집 안으로 들어가 자리를 잡고 영상 촬영을 위해 카메라도 설치했다. 김옥자 씨가 "노동조합 조끼를 입을까요?" 하고 물었는데, 촬영을 맡은 PD와 내가 한목소리로 입지 말라고 했다. '투쟁하는 노동자' 하면 흔히 조끼와 머리띠, 불끈 쥔 주먹부터 그려지는 것이 좀 지겨웠기 때문이다. 그가 왜 노동조합 조끼를 입으려고 했는지, 그때는 몰랐다.

급식실 일을 하기 전 김옥자 씨는 전업주부였다. 1995년 어느 날 남편이 "이웃에, 학교 가서 밥할 사람 없나?" 하고 묻더란다. 남편은 막내딸이 다니던 초등학교의 학부모 운영위원장이었다. 김옥자 씨가 사람을 찾다가, 누구는 이래서 안 되고 또 누구는 저래서 안 되고 해서 '그냥 내가 하면 어떨까?' 하고 시작한 거였다.

그때는 급식실에서 일하는 사람이 8명이나 됐다. 조리원 배치 기준은 시도 교육청마다, 학생 수에 따라 다르다. 그때는 조리원 배치 기준이 '학생 50명당 조리원 1명'으로 지금보다 많았다. 지금은 '학생 100명당 조리원 1명'이다. 그때는 600명이 넘던 학교 학생 수도 이제 140여 명으로 줄어서, 급식실에서 일하는 사람 수도 조리원 2명에 조리사 1명, 영양사 1명으로 줄었다.

그동안 일당은 1만 5,200원에서 세 배가 넘게 올랐다. 하지만 문제는 상대적 차별. 학교비정규직연대회의의 2014년 자료에 따르면, 20년차 비정규직 조리원의 월평균 임금은 147만 원이다. 같은 연차의 정규직 9급 공무원 월평균 임금인 341만 원의 43퍼센트밖에 되지 않는다. 그렇게 같은 일을 하고도 상대적인 박탈감을 느껴야 하는 비정규직 조리원의 비율은 80퍼센트를 훌쩍 넘는다.

1995년이면 비정규직이라는 말이 없을 때잖아요.

"그런 거 알도 못할 때죠. 월급도 봉투에 '일당 얼마 곱하기 며칠' 이렇게 써서 줘요. 최고 많이 일하면 30만 얼마 타고, 방학 앞두고 한 열흘밖에 일 못한 달은 그만큼만 타고. 처음에는 (근로)계약서도 안 썼어요. 몇 년 지나서 교장선생님이 계약서 쓰라 그러더라고요. 교무실 가서 차 한 잔 얻어먹으면서 썼어요. 우리 학교서 일하던 사람들이 다른 학교서 일하려면 경력(증명서)을 올려야 되잖아요. 그걸 띠러 오면, 그때는 자료가 없으니까 못 떼 가는 거예요. 계약서가 없었으니까. 그래서 우리가 증인이라고 떼주라 하고 그랬어요."

처음 근로계약서를 쓴 때가 언제쯤이었나요?

"1997년? 1998년쯤 되지 않았을까? 그때부터 1년에 한 번씩 계약서를 쓰는데, 이제 1년에 한 번씩 짤릴까봐 걱정인 거예요. 그때 다른 학교는 일하던 사람들을 다 짜르고 자모(학부모)를 썼어요. 2000년쯤부터 '자격증 없는 사람은 떱니다(해고합니다)' 하는 소문이 돌아요. 그래서 학교 일 다니면서 논산에 학원을 다녀서 2001년에 한식 조리사 자격증을 땄어요. 그거 없다고 짤리면 억울하잖아요.

이거(자격증) 땄을 때 판사나 검사 된 거보다 더 기뻤어요. 우리 같은 사람은 공부를 해서 이런 걸 딴다는 것 자체가 정말 대단한 거예요. 이걸 땄더니 그런 말(자격증 없으면 해고한다는 소문)이 쏙 들어가더라고. 자모들이 들어올라고 하는 것도 계속 심했어요. 근데 교장선생님이 딱 결정을 하더라고요. '다른 학교에서 자모를 쓰니까 급식실이 시끄럽더라' 그래가지고 우리가 여지껏 있는 거예요."

"노조가 있응게, 힘이 생겼어요"

대체인력이 없어서 휴가 쓰기도 참 어렵다고 들었는데요.

"지금 병가, 연가 쓸 수 있는 건 노조 때문이에요. 그전에는 내가 쉴라믄 사람을 하나 사서 대신 세우고 일당을 내가 줬어요. 친정엄마가 돌아가셨는데도 일주일 치 일당을 내가 다 줬다니께. 엄마가 돌아가셨는데도. 그래도 내가 돈 내는 건 둘째 문제고, 그 사람이 (나 대신 일하러) 가주기만 사정사정 했어요. 노동조합 때문에 우리가 살판났다니까. 지금은 그거 다 학교에서 대주잖아요.

병가, 연가 빠질 때 월급도 나와, 우리가 얼마나 노동조합 힘을 보고 사냐고. 아무것도 몰르면서 '노동조합이 하는 게 뭐냐' 하는 사람도 있지만, 노동조합 없었으면 이런 일이 가당키나 하간유? 법에 뭐가 있는지도 전혀 몰랐죠. 노조가 있응게, 듣는 소리도 있고 하니깐 세상 돌아가는 것도 알지."

"우리는 이제 비빌 언덕을 만났어 언니"

김옥자 씨 이야기의 대부분은 "지금은 노조가 있응게"로 이어졌다. 학교비정규직노조가 설립된 것은 2011년. 가장 피부에 와 닿는 변화는 휴가다. 2012년 학교비정규직노조 경남지부의 설문조사에 따르면, 휴가를 쓰지 못하는 이유로 '대체인력이 없어서'라고 대답한 조리원이 78퍼센트나 됐다. 2009년 충남교육청의 조사 결과, 조리원 2,469명의 1인당 연평균 휴가 사용일은 3.78일에 불과한 것으로 드러나기도 했다. 하지만 이제는 조리원이 대체인력의 일당을 부담하지 않아도 되는 것은 물론, 연가와 병가를 법으로 보장받게 됐다.

하지만 김옥자 씨는 일을 계속할 수 있을지 고민이다. 바로 다리 때문이다. 다리가 아프기 시작한 것은 벌써 10년 전. 처음에는 걸을 때 조금씩 당기는 정도였다. 한의원에서 침을 맞으면 또 거뜬했다. 하지만 한두 해가 지날수록 침을 맞아도 듣지 않는 거였다. 그래서 방학 때 큰 병원을 다니면서 치료를 해보기도 했다. 하지만 퇴행성 질환이라 뾰족한 수가 없었다. 무릎 연골이 다 닳았고 허리에는 협착증이 생겼다.

흔히 '골병'이라 부르는 근골격계질환. 2012년 노동환경건강연구소의 보고서에 따르면, 601명의 조사 대상 조리원 가운데 95.8퍼센트가 '증상 호소자'였다. 통증의 정도가 심한 '질환 의심자' 비중도 60.1퍼센트나 됐다. 노동 강도가 높다고 알려진 조선소, 즉 선박 제조업 노동자 가운데 증상 호소자 비율은 70~80퍼센트 정도로, 조리원이 약 15~25퍼센트 높다. 선박 제조업 노동자의 질환 의심자 비율도 29.4~42.2퍼센트로, 조리원이 약 20~30퍼센트 높다.

김옥자 씨는 일을 할 때 느끼는 통증을 '허벅지가 터진다'고 표현했다. 무거운 것을 들수록 통증은 더 심해진다. 수레를 많이 사용하지만, 식재료나 음식이 든 솥 등을 수레에 싣고 내리는 것도 큰 힘이 든다. 그런 다리를 치료하느라 김옥자 씨는 올해 연가와 병가를 모두 썼다. 또 이야기는 "노조가 있응게" 이렇게 병가라도 쓰는 거라는 말로 이어졌다.

노동조합은 어떻게 시작하게 됐어요?

"2011년 2월에 이웃에 매나 학교에서 근무하는 사람이 있는데, 그 사람(옥순이)이 와가지고 '언니 우리를 도와주는 사람이 있대' 그러면서 노동조합 팜플렛을 보여줬어요. 옥순이가 막 그래요. '소도 어덕(언덕)이 있어야 비비는데 우리는 이제 어덕을 만났어, 언니.' 등에서 소름이 끼칠 정도로 반가웠어요, 그때 막. 그 팜플렛을 여지껏 안 버리고 갖고 있어요. 그래서 두말 않고 가입을 한 거예요."

노동조합이라는 말을 처음 들었을 때, 반감이 들거나 무섭거나 하지는 않았나요?

"그러지는 않았고, 노동조합은 '없는 사람들을 위해서 일해주는 곳이다' 그렇게는 들었어요. 2011년 3월에 처음으로 논산에서, '위대한밥상' 식당에서 모임을 가졌어요. 우리 지부장님(우의정 씨)하고 같이. 그때 그것(모임 자료)도 이렇게 안 버리고 있어요. 지부장님을 보면서 '저런 분들도 있나?' 그랬어요. 농성장이고 어디고 애를 업고 다녀요. '어떻게 남을 위해서 저럴 수 있을까? 저렇게 애기를 업고 애기 고생시켜가면서.' 저는 애기 키울 때 절대 그렇게 못했어요. 그래서 제가 '저런 사람들은 신 같은 사람이야' 그랬어요.

든든한 '빽'이 됐어요. 한쪽에서는 '이게(노동조합이) 사이비

다' 그러는 사람도 있었어요. 그런데 우리는 100퍼센트 믿었어요. 대전으로 어디로 다니면 우리 조합원들이 저한테 '왕언니' 왔다고 박수 쳐주고 그래요. 그럴 때 막 눈물이 나면서 뭉클해져요. 이렇게 나를 반겨주는 사람들이 있다는 것이. 자식들이나 반겨주지 누가 그렇게 반겨주겠어요? 조합원들이 다 저 같은 마음이더라고요."

그때부터 논산지회장으로 활동하신 건가요?

"지회장을 잡아야(정해야) 되는데 아무도 안 할라 그래요. 하루는 특수(특수교육) 선생님이 '내가 총무를 할 테니 지회장은 조리 종사원 중에서 하십시오' 그러더라구요. 또 한 영양사님이 저한테 '여사님이 하세요' 그러는데, '지회장 정도 되면 컴퓨터도 하고 그래야 되는데 나는 그렇게 못항게 (지회장을) 못헌다' 그랬어요. 그랬더니, 나중에 (컴퓨터도) 다 하게 돼 있대요. '그려? 그럼 내가 하지 뭐' 그래가지고 하게 된 거예요.

저는 그전에는 절대 나서는 사람이 아니었어요. 논산지회가 그때는 70명, 지금은 120명쯤 돼요. 저는 학교 다닐 때도 반장 재목도 아니었고, 뭘 알아도 부끄러우니까 손을 못 드는 사람이었어요. 그런데 '애기 업고 다니는 지부장님 같은 사람도 있는데, 같이 다녀만 주면 된다는데, 나는 애들도 다 키웠는데 내가 안 해주면 쓰나' 그런 생각이 들었어요. 노조가 있기 때문에, 밀어주는 데가 있으니게 그런 힘이 생겼어요."

컴퓨터는 정말 배우셨어요?

"(지회장이 되고 나니) 고민인 거예요. '컴퓨터도 배워야 하는데 뭘 어째야 할까.' 그때는 (문자) 메시지도 못 보낼 때예요. 애들 (자식들)한테 겨우 메시지도 배우고. 학교에 급식실을 새로 짓는 다고 3개월 쉴 때가 있었어요. 그때 논산에 정보화마을에 가서 공짜로 컴퓨터를 쪼끔 배웠어요. 세상에 ABC 대문자 소문자도 모르는 사람이 그걸 배우고 있으니 얼마나 깝깝해요. 그래가지 고 노조에 거기(누리집) 들어가서 글 띄워주는 거 배웠어요. 저는 노조 때문에 이렇게 발전한 거예요. 노조 안 했으면 지금쯤 메시 지도 못 보낼지 몰라요."

"똥 빠지게 일하고서는
밥 한 끄니도 못 얻어먹나"

학교비정규직노조에는 37만여 명 학교비정규직 노동자 가운데 약 4만 명이 가입해 있다. 학교비정규직에는 조리원, 교무보조, 돌봄전담사 등 학교회계직원과 스포츠강사 등 비정규직 강사, 파견·용역노동자, 기간제 교사도 포함된다. 학교회계직원은 교육청이 아니라 각 학교가 채용해 학교 회계에서 급여를 주는 직원을 말한다. 학교비정규직노조는 학교 회계직의 교육감 직접고용과 교육공무직 전환을 요구해왔다.

김옥자 씨는 노동조합 활동을 '제2의 인생'이라고 표현했다.

노동조합 조합원들과 같이 다니면 당당하고 우쭐해져서 얼마나 재밌는지 모르겠단다. 자녀들이 "엄마는 노동조합 얘기만 하면 막 '업(up)'된다"고 했다는데, 내 눈에도 정말 그랬다.

하지만 노동조합이 생기고 나서 '시집살이'를 시작한 것도 있다. 김옥자 씨의 출근시간은 오전 8시. 일은 오후 3시쯤이면 끝난다. 노동조합이 생기기 전에는 일을 마치는 대로 퇴근했지만 지금은 그럴 수 없다. 정규직들처럼 오후 4시 30분에 퇴근해야 하는 것이다. 김옥자 씨는 노동조합이 비정규직들한테 좋은 일을 많이 하니까 학교에서 괜한 시집살이를 시키는 거라고 했다. 그러면서 자신의 일터는 초등학교라 덜하지만 고등학교에서는 출근할 때 지문을 찍고 들어간다며, 1~2분만 늦어도 월급 탈 때 한마디씩 듣는다고 덧붙였다.

노동조합 차원에서도 시집살이가 만만치 않다. 교육청을 교섭 테이블로 나오게 하는 것부터 쉽지 않았다. 2011년 노동조합 출범 이후 2012년 '교육감이 학교비정규직의 사용자가 맞으니 교육감이 교섭해야 한다'는 중앙노동위원회의 결정이 있었지만 충남교육청과 일부 시도 교육청들은 이에 불복하고 행정소송을 냈다.

김옥자 씨가 처음으로 충남교육청에 교육을 받으러 간 것도 그때였다. 일하면서 불편한 점을 얘기해보라는 담당 공무원의 말에 "저는요 학교에 대해서는 하나 불만이 없습니다. (교육청이) 우리 노동조합하고 교섭이나 해주세요" 하고 말해버렸단다. 법원은 2013년 1월 충남교육청의 소송을 기각했다. 교육청은 '항소

"노조가 있응게, 힘이 생겼어요"

와 교섭을 동시에 하겠다'는 어정쩡한 자세로 교섭을 시작했고, 지금까지 타결 소식은 들리지 않고 있다.

그사이 교섭 대상인 교육감이 갑자기 사라지는(?) 일도 있었다. 2013년 3월, 약 3억 원을 받고 장학사 시험문제 유출을 지시한 혐의로 김종성 교육감이 구속된 것이다. 2014년 9월 대법원은 그에게 징역 3년형을 확정했다. '충남교육감 3연속 불명예 퇴진'이라는 진기록이었다. 2000년 취임한 강복환 교육감과 그에 이어 2008년 선출된 오제직 교육감 역시 뇌물과 불법 선거운동 때문에 물러났기 때문이다.

김종성 교육감이 구속되기 두 달 전인 2013년 1월, 학교비정규직노조 충남세종지부장 우의정 씨가 충남학생수련원에서 비정규직으로 일하다 해고(계약해지)됐다. 우의정 씨의 복직을 요구하며 함께 싸우던 시절의 이야기를 하면서 김옥자 씨의 목소리가 높아졌다.

교육청과 하는 교섭에도 직접 가보셨나요?

"가봤죠. 그때는 교육감님이 감옥에 가서 없을 때예요. 돈을 먹어가지고. 그런 사람이 우리 지부장님을 짤랐당게! 얼마나 괘씸한가 몰라요. 우리 지부장님이 짤렸을 때 내가 '가난한 사람을 해치면 죄가 자기에게 돌아간다' 그랬는데, 진짜 감옥 갔더라니께유. 자기는 정당치도 못하게 돈을 받는 사람이 우리 지부장님 같은 불쌍한 비정규직을 왜 짤러!"

그때 우의정 지부장님이 20일 동안 단식농성을 해서 충남학생수련원 비정규직 노동자들의 집단해고 사태는 막은 것으로 알고 있습니다. 그때 농성을 같이 하셨나요?

"지부장님이 해고돼서 대전에서, 충남교육청 앞에서 천막 치고 단식투쟁할 때 같이 가서 자주기도 하고 그랬어요. 지부장님이 미안해하시는 거예요. '이런 곳에서 주무시게 해서 미안하다'고. 근디 저는 그때 '(이 천막이) 어떤 호텔보다도 좋다' 그랬어요. (지부장님은) 그 말이 정말 고맙다고 울먹울먹하시는 거예요. 저는 '이분은 노상 여기서 지내시는데 우리는 제우(겨우) 하루이틀 자면서 생색내지는 말아야지' 그렇게 생각했어요.

아침에 교육청 직원들 출근할 때 피켓 들고 (선전전을) 하잖아요. 그때 '나의 손~ 높이 솟구쳐~' 하고 음악 소리는 나지, 이렇게 하면(피켓을 흔들면) 그렇게 신이 나요. 천막농성 할 때 사위랑 딸이 손녀 데리고 그리 왔더라고요. 지부장님이 우리 딸한테 '엄마를 이런 데서 주무시게 해서 미안하다' 그랬더니 우리 딸이 '근데 엄마 얼굴은 되게 행복하게 보여요' 그랬어요."

2011년에 노동조합을 만들고 이듬해인 2012년에 바로 첫 파업을 하고, 2014년 또 파업을 했습니다. 집회나 파업이라는 게 낯설지는 않았나요?

"파업이 뭔지도 몰랐어요. 그런데 파업을 한다고 생각하니까 우쭐해졌어요. '아 우리가 이렇게 할 수 있는 능력이 생겼구나.' 학교에서도 우리한테 '왜 밥 안 해요?' 입도 뻥끗 못해요. 파업하

"노조가 있응게, 힘이 생겼어요"

는 것도 우리한테 힘을 줘요. 경기도(노동조합 경기지부)에서 열흘 인가 굶고 투쟁한 적이 있었어요. 그때 위로차 갔어요. 화장실서 그분들 우는 모습도 보고, 그런 걸 다니면서 보는 게 얼마나 공부가 되는가 몰라. 인생공부가 엄청 돼요.

처음으로 서울역에서 집회할 때는 비가 왔어요. 다 우비 입고 갔거든요. 여기(땅바닥)가 척척해도 여기 안 앉는다는 사람이 없어요. 다 앉아요. 깔개 하나 깔고 그 비가 오는데도 다 앉아요. 세상에 그걸 보고 놀랐대니까, 내가. 그게 다 힘일 거예요, 아마. 다 노조를 믿고 그런 힘이 나는 거 아니에요, 나 같은 사람처럼. 다녀보면 다 씩씩해요. 노조 때문에 힘이 있어. 다른 사람들한테도 그게 보여요."

2014년 파업의 쟁점 중에는 급식비 지급 문제도 있더라고요.

"우리도 급식비를 내야 된다고 그래요. 정식(정규직)들은 급식비가 나오잖아요. 그러니까 급식비를 내고 먹어도 상관이 없죠. 그치만 우리는 급식비가 안 나와요. '우리는 우리가 밥하고 밥 한 끄니(끼니)도 못 얻어먹고 급식비를 냅니까?' 그랬어요. 어디 가서 남의 밥을 해줘도 밥 한 끄니는 먹는디, 똥 빠지게 일하고서는 밥 한 끄니도 못 얻어먹고 우리 돈으로 급식비를 내고 먹냐고, 그런 인심이 어딨냐고 그랬어요. 그리고 우리도 급식비가 나오면 당당하게 돈 내고 먹는다고 그랬어요."

"20년 일하니 다리가 휘었어요…
이제 수술해야 반듯해진대요"

2014년 11월 파업의 핵심 요구안은 크게 세 가지. 급식비 차별 해소와 장기근무가산금 상한 폐지, 그리고 방학 중 생계대책 마련이다. 현재 정규직 공무원의 정액급식비는 월 13만 원. 비정규직은 한 푼도 없다. 정규직 공무원에게 기본급의 60퍼센트씩 주는 명절상여금도 비정규직에게는 20만 원뿐이다. 장기근무가산금은 2014년 1월 만들어진 것으로, 근속 1년에 2만 원씩 지급된다. 하지만 근속 10년 이후로는 액수가 더 올라가지 않는다. 그래서 노동조합은 '근속 10년'이라는 장기근무가산금 상한선을 없애달라고 요구했다.

방학 중에 임금을 받지 못하는 문제는 더 심각하다. 여전히 일당 개념으로 임금을 계산하기 때문에 학기 중과 방학의 임금 차이가 크다. 근속 5년 조리원의 경우 학기 중 월급은 160만 원 정도지만, 여름방학이 있는 8월에는 40만 원대로 떨어진다. 한 달 내내 겨울방학인 1월에는 기본급 없이 수당만 받아서 월급이 9만 원에 불과하다. 이런 문제를 해결하기 위해서 노동조합은 임금을 12개월 균등분할해 지급하거나 방학 중 생계유지수당을 신설할 것을 요구했다.

김옥자 씨는 김지철 현 충남교육감이 '뜻밖에' 노동조합의 속을 엄청 썩이고 있다고 했다. '민주진보 단일후보'로 출마한 김지철 교육감은 2014년 6월 지방선거 때 학교비정규직노조와 정책협약을 맺었다. 그때 교육공무직 전환이나 고용보장, 호봉제 도입 등 노동조합의 오래된 요구들에 대한 약속을 많이 했다.

노동조합도 공식적으로 김지철 당시 교육감 후보에 대한 지지를 선언했고, 노조 지도부는 각 지역 지회와 학교를 돌며 조합원들에게 투표를 독려했다. 하지만 당선 이후 김지철 교육감과 학교비정규직노조는 임금협약과 단체협약 문제로 불편해질 수밖에 없었다. "교육감님도 우리가 세운 거예요. 우리 아니었으면 (당선) 안 됐어요. 장담해요"라고 말하는 김옥자 씨의 목소리에 그 자부심만큼의 답답함이 묻어났다.

정년까지 1년 남았습니다. 건강이 더 나빠지지 않아야 할 텐데요.

"저는 다리가 불편하기도 불편하지만, 20년간 일을 하다보니 다리가 휘었어요. 집에 있는 날이면 바지를 잘 안 입고 늘 치마를 입어요. 일 갈 때만 할 수 없이, 장화 신고 일을 해야 해서 바지 입고. 2011년에 노조에서 공로상 탈 때도 그랬어요. 우리가 너무너무 힘들게 다리가 휘도록 살으니까 동지 여러분들은 몸 관리 잘하라고. 앞에 나가서 그 소리 하는데 눈물 나더라고요. 저도 모르게 휜 거예요. 아픈 통증만 생각하고 침 맞고 그랬지. 이제는 수술을 해야 반듯해진대요. 아예 급식실을 안 다녀야 수술을 하지."

가족들도 걱정을 많이 하시겠는데요?

"애들이 처음에는 엄마 힘들다고 (노동조합 활동을) 못 다니게 했어요. 그래서 제가 '너희들 키울 때는 너희들 위해서만 살았지만 지금은 아냐. 내 동지를 위해서 내가 앞장서서 다녀야 돼. 내가 그렇게 힘들게 일했으니까, 내 후배들을 위해서(후배들은 그렇게 살지 않도록) 내가 다녀야 돼' 그랬어요. 그랬더니 어느 날 아들이 따뜻하게 다니라고 옷을 사오더라고요. 이제는 적극적으로 밀어줘요.

그런데 다리가 많이 아프니까 애들이 내년부터는 학교를 그만 다니라고 그래요. 정년이 1년 남았으니까 정말 고민돼요. 돈을 1년 더 벌라고 그러는 것이 아니라, 노동조합하고 같이 끊고 (끝내고) 싶은 거지. 뭣인가가 서운하고 그래요. 제가 걸어 다닐 수만 있으면 1년 더 하고 싶어요. 1년 딱 더 하고 당당하게 퇴직하고 나오고 싶어요. 허락이 된다면 퇴직하고 나서도 노동조합 고문으로라도 다니면 좋지요."

남편분은 어떠세요? 많이 응원해주시나요?

"제가 지부장님한테 한 소리가 있어요. '나는 새장 속에 갇힌 새다. 애기 아빠(남편)가 새장 문을 열어주고 나갔다 오라 하면 나갔다 오는 사람이다.' 지회장 하기 전에 (남편한테) 물어봤어요. 허락해달라고. 저는 어디를 가더라도 꼭 허락을 받고 그렇게 살았어요. 그런데 대번에 하라네요? 상상을 못했을 거예요. 이렇게까지 할 줄 모르고 '몇 번 댕기다 말겠지' 그런 거지.

그래도 어디 못 가게 한 적은 없는데, 딱 한 번 안 간 적 있

"노조가 있응게, 힘이 생겼어요"

어요. 집에 김장 배추를 절여놓고, 퇴근하고 홍성 가서 투쟁할라고 그랬어요. (남편이) 뭔 소리를 하냐고, 홍성이 이웃집인 줄 아냐고 그래서 그날은 못 갔죠. 그때 한 번 내가 포기했지. 애기 아빠 목소리 딱 들어보고 화가 보통 난 게 아니다 싶으면 안 가요. 그날도 김장 배추만 안 절였으면 가라고 했겠지. 우리 남편이 잘 도와줘가지고 이렇게 할 수 있던 거예요. 새장 문을 열어줘서. 제 남편한테 고맙다는, 사랑한다는 말을 하고 싶어요."

"노조가 있응게, 비정규직이라는 말을 해도 당당해요"

사랑한다는 말을 하며, 김옥자 씨의 얼굴이 소녀처럼 발개졌다. 사실 투쟁하는 노동자들을 만나보면 가족 이야기를 먼저 하는 경우가 드물다. 어렵게 말을 꺼내도 '미안하다'는 말이 전부일 때도 많다. 미용실에서 만난 아주머니들의 흔한 수다처럼 은근슬쩍 아들 자랑을 한마디 끼워넣고, 보기 드문 남편 자랑에 사랑 고백까지 이어가는 김옥자 씨의 모습이 참 신선하고 친근하고 또 반가웠다.

　김옥자 씨 얼굴이 그때처럼 발개진 때가 또 있었는데, 700명이 넘게 모인 자리에서 충남 학교비정규직 대표로 노래를 한 이야기를 하면서였다. 노동조합 초기, 급식실 짝꿍이 지부장 우의정 씨한테 "언니(김옥자 씨) 노래 잘해요" 한마디 한 것이 화근(?)

이었다. 우의정 씨가 충남교사대회 '비정규직과 함께' 노래자랑에 덜커덕 신청을 해버렸고, 꼼짝 없이 김옥자 씨가 노래를 해야 하게 된 것이다.

일주일 동안 잠도 못 자고 전전긍긍하다 대회 날이 됐다. 리허설 때는 덜덜 떨다가, 이상하게 본무대에 서니 하나도 안 떨리더란다. 〈동백아가씨〉를 멋지게 다 부르고, 노래 끝에는 "비정규직 파이팅! 우의정 지부장님 파이팅!" 하고 구호도 외쳤다. 미리 구호를 생각하고 간 것도 아니었다. "내가 그런 무대에서 언제 노래를 해보겠어요? 노동조합 덕분에 소원성취를 했으니까 구호도 한 거죠" 하고 말할 때, 김옥자 씨 표정이 다시 그 무대 위에 선 것처럼 발그레하게 들떠 오르는 것이 보였다.

인터뷰를 마치고 서울로 돌아오면서 김옥자 씨에게 〈동백아가씨〉를 청해 듣지 못한 게 후회됐다. 그리고 그보다 더 큰 후회 하나. 인터뷰를 시작할 때 "노동조합 조끼를 입을까요" 하고 물은 김옥자 씨를 말린 것이다. 늘 "노조가 있응게"로 끝나는 그의 말과 '제2의 인생'을 이야기하면서 지어 보이던 그의 표정. 김옥자 씨에게 노동조합 조끼는 어쩌면 무쇠로 만든 갑옷 같고, 어쩌면 멋진 정장 같은 거라는 생각이 들었다. 그리고 어쩌면 '새장 밖의 삶'을 위한 눈부신 날개옷 같은 것일지도.

"지금은 비정규직이라는 말을 해도 당당해요. 왜? 노조가 있응게 당당한 거예요. 노조 조끼 입고, 지나가는 사람한테 팜플렛 돌리고 해도 하나 넘부끄럽도 안 해. 우리 조끼가 '노동조합' 이렇게 써 있고 근데도, 나는 그거 입고 운동도 다녀요. 체육공원

다니면서 노동조합 선전을 해요. '내일은 우리 투쟁 가. 내일은 아마 못 올 거여' 이렇게 얘기하고. 저는 집에서 청소를 하면서 도 노래를 해요. 애기 아빠가 '뭐가 그래 좋아서 노래를 해?' 그 럼 내가 '그럼 내가 울면 쓰겄어?' 그래요."

후기

인터뷰의 성패는 인터뷰 전에 이미 결정된다. '어떤 질문을 어떻게 하느냐'보다 훨씬 중요한 것이 바로 '누구를 만나느냐'이기 때문이다. 김옥자 씨를 인터뷰하고 나서 더 확신하게 됐다. 사실 이런저런 걱정이 많던 게 사실이다. 한 다리, 두 다리 건너서 소개받은 사람. 한 번의 인터뷰로 제대로 된 이야기를 담아내지 못한다면, 다시 와서 또 이야기를 듣기도, 다른 사람을 새로 찾기도 난처했다. 조마조마한 마음으로 시작한 인터뷰였지만, 마치고 나자 이런 생각이 들었다. '이 사람 안 만났으면 어쩔 뻔했어!'

김옥자 씨를 만나서는 노동조합의 역사나 현황, 목표 같은 것에 대해서는 전혀 묻지 않았다. 그런 말은 노동조합 간부 누구를 만나도 들을 수 있는 말이기 때문이었다. 인터뷰 섭외 전화를 했을 때 김옥자 씨는 "저 같은 사람 이야기가 도움이 될까요?"라고 말했다. 그래서 "저 같은 사람"만 할 수 있는 이야기를 한마디라도 더 듣고 싶었다. 그리고 김옥자 씨는 "저 같은 사람"이 얼마나 중요한 사람인지 스스로 잘 보여줬다.

1955년생, 올해로 환갑이 된 사람의 눈동자가 그렇게 반짝거릴 수 있다는 것도 김옥자 씨를 보고 알았다. 토박이답게 구수한 충청도 사투리로 반복하던 "노조가 있응게"라는 말. "노조가 있응게" 환갑 가까운 나이에 처음으로 입어본 투쟁조끼 이야기를 하면서, 처음으로 불러본 투쟁가 이야기를 하면서, 처음으로 해본 노사교섭 이야기를 하면서 김옥자 씨의 눈빛은 10대 소녀처럼 빛났다.

사실 인터뷰 도중에 김옥자 씨의 이야기가 독자들에게 오히려 불편하게 들리지는 않을지 걱정했다. 모든 것을 노동조합 덕분이라고 말하는 김옥자 씨의 이야기를, '노동조합을 예찬하려는 기자의 의도 때문에' 과장되고 꾸며진 것이라고 오해할 것 같았다. 그래서 실제로 글을 쓰면서는 김옥자 씨가 한 노동조합에 대한 칭찬을 '반'만 담으려고 애썼다. 인터뷰가 너무 진솔하게 잘된 것이 걱정거리가 되기는 또 처음이었다.

충남세종지부 지부장인 우의정 씨에 대한 칭찬은 더 담지 못했다. 김옥자 씨의 이야기를 처음부터 끝까지 같이 들었다면 우의정 씨에 대한 고마움이 이해됐을 것이다. 하지만 그걸 전달할 재주가 없어서, 한 개인에 대한 '넘치는' 칭찬을 전하는 데 주저할 수밖에 없었다. 2014년 지방선거에 우의정 씨는 비례대표 광역의원 후보로 출마했다. 그때 김옥자 씨는 자신이 다니는 절에 우의정 씨 이름으로 등을 달고 기도를 했다.

김옥자 씨는 다리가 불편해서 앉고 서는 것이 힘들다. 그런데 인터뷰 중에 그 이야기를 하면서 자리에서 일어나 자신의 '기도수첩'을 가져와 보여줬다. 그곳에는 노동조합 지도부와 지회장들의 이름이 빼곡했다. 매일같이 가족들 이름과 함께 그들의 이름을 부르면서 기도를 한다고 했다. 좀 낯설긴 하지만, 고마운 사람들에 대한 김옥자 씨의 애정이 '김옥자 씨다운' 방식으로 표현된 거라고 이해할 수 있었다.

우리 엄마도 1955년생, 김옥자 씨와 나이가 같다. 인터뷰를 하면서 엄마 생각이 많이 났다. 환갑이 다 돼서 만난 노동조합이 김옥자 씨한테 '날개'를 달아준 것처럼, '여전히 노동해야 하는' 우리 엄마한테도 새로운 날개를 달아주고 싶다는 마음. 그 날개가 꼭 노동조합뿐이라고 생각할 필요는 없겠다. 노동자에게 자기 노동과 인생에 대한 '존중'을 심어주는 그 무엇. 모두에게 그런 날개는 필요하지 않을까.

학교비정규직 노동자들이 곳곳에서 투쟁하고 있는 것은 인터뷰 당시나 지금이나 똑같다. 김옥자 씨가 있는 충남에서는 민간 위탁 업체 소속 돌봄전담사 230여 명이 '직접고용'을 요구하며 싸우고 있다. 경기도에서는 다문화언어 강사들이, 전북에서는 스포츠 강사들이, 부산에서는 시간제 전문상담사들이 싸움을 계속하고 있다. 한번 찾아봐주시면 좋겠다. 당신 가까이에서는 또 어떤 이들이 '날개'를 바라고 있는지.

그 자체로
존중받아야 할
'알바 노동'

알바 노동자 구교현·조윤·윤가현 씨

이 책에 실린 글들의 공통된 주제가 바로 '당신이 매일 만나는 노동, 노동자'다. 어느 저녁 하루를 곰곰이 되짚어가며 내가 만난 노동자들은 어떤 사람이었나 생각해봤다. 버스에서 만난 버스기사, 회사 건물 입구에 서 있던 경비원, 점심시간 식당에서 본 차림사, 지하철역에서 마주친 청소원과 내가 탄 열차를 운행하고 있었을 기관사 정도. 이런 주제의 글을 쓴다고 얘기하는 게 창피할 만큼, 몇 사람 떠오르지 않았다.

아르바이트(알바) 노동자들과 긴 인터뷰를 하고 나서 신촌 거리를 걸어 내려가는 순간, 알았다. 내가 하루 종일 가장 많이 만나는 노동자들은 바로 알바 노동자라는 사실을. 밤 10시가 넘은 시간에도 대낮처럼 불을 켜놓고 있는 저 많은 가게들마다 정말 수를 셀 수 없을 만큼 많은 알바 노동자들이 일하고 있었다. 편의점이든 카페든 핸드폰 가게든, 길거리로 나오면 어디서든 볼 수 있는 그들. 너무 어리거나 너무 흔하거나 너무 '싼' 노동자여서, 사람들은 아직 노동자인지 아닌지도 잘 모르는 그런 이들 말이다.

하나 더 털어놓자면 인터뷰를 준비할 때도 영 낯선 것이 있었다. 아무래도 입에 잘 붙지 않는 알바 노동, 알바 노동자라는 말. 두어 달 전 한 알바노조 상근활동가가 쓴 글을 읽은 적이 있다. 〈무한도전〉이라는 텔레비전 예능 프로그램에서 '알바생'이라는 표현을 썼는데 '알바 노동자'라 써야 한다고 비판한 글이었다. 2015년 1월 14일 저녁 서울 신촌에 있는 아르바이트노동조합(알바노조) 사무실 문을 열기 직전까지도 나는 속으로 그저 외우려고 애썼다. '알바가 아니라 알바 노동, 알바생이 아니라 알바 노동자.'

여러 시민사회단체가 함께 쓰는 사무실. 구석에 있는 작은 회의실에 세 사람의 알바 노동자와 마주 앉았다. 알바노조 조합원인 알바 경력 1년의 조윤(21, 여) 씨와 알바 경력 6년의 윤가현(25, 여) 씨, 그리고 알바노조 위원장인 구교현(39, 남) 씨다. 먼저 조윤 씨가 이야기를 시작했다. 조윤 씨는 대학생이 된 2014년부터 서울 은평구의 한 백화점에서 알바를 시작했다. 첫 학기 학비만 내주신다고 한 부모님 때문이었다.

마련해야 할 돈이 한두 푼이 아닌데, 부모님한테 좀 서운하진 않았나요?

조윤: "그냥 '올 게 왔구나' 싶었어요. 그전부터 부모님이, 대학교는 알아서 다니라고 꾸준히 말씀하셨거든요. 처음 한 일이 백화점에서 구두 파는 알바였어요. 가족 같은 분위기에, 친절한 사장님에, 손님도 없다 하는 말에 속았죠. 토요일, 일요일 오전 10시부터 밤 10시까지 일하고 하루에 5만 원 받기로 했어요. 시급 5,000원이었죠. 최저임금도 못 받았어요(2014년 최저임금은 시급 5,210원). 알바를 처음 해봐서 최저임금이 뭔지도 몰랐어요. '하루에 5만 원이면 많은 거 아닌가?' 했어요."

일은 할 만하던가요?

조윤: "편한 일이라고 생각했는데 아니었어요. 손님도 별로 없다고 했는데 사실은 진짜 많았고요, 그 백화점에서 제일 장사가 잘되는 매장이었어요. 같이 일한 사람 4명 중 3명은 정직원이고 저만 알바였어요. 구두값은 12만 원부터 18만 원까지 되는데, 인센티브 같은 건 없었지만 매일 퇴근 전에 자기가 어떤 구두를 몇 켤레 팔았다고 써야 돼요. 실적은 4명 다 비슷했어요. 저도 일을 못하는 건 아니었어요."

그런데 어떻게 하다 그만두게 된 건가요?

조윤: "제가 목소리가 낮아요. (점장이) 손님들한테 얘기할 때 도레미파솔, 솔까지 목소리를 올리라고 했는데, 안 올려서 혼났어요. 친절하지 않다고 또 혼나고. 결국 3개월 만에 잘렸어요. 내일부터 나오지 말라고 문자 메시지로 해고됐죠. '너랑 잘 안 맞

2014년 알바데이(5월 1일)를 마치고 찍은 알바노조 단체 사진.
알바노조 깃발에 '최저임금 1만 원 인상' 구호가 쓰여 있다.
사진 – 알바노조

는 것 같다'고.

그런데 학교에서 알바노조 친구들을 만나서 최저임금과 알바 노동자의 권리에 대해 알게 된 거예요. 그 매장에서 지켜진 게 하나도 없다는 걸 알게 된 거죠. 찾아가서 따졌는데, 도리어 (점장이) 소리 지르고 저한테 '(너는) 너무 계산적이다, 앞으로 사회생활 못할 거다' 그랬어요.

일할 때 하루에 열 시간을 일하니까 중간에 한 시간 밥 먹고 쉬다 왔는데, 밥을 한 시간 동안이나 먹고 오냐고 혼났어요. 매장에 앉아서 쉴 수 있는 의자는 당연히 없었고요. 점장이 신체적으로 접촉하는 장난을 많이 쳤어요. 걸어가는데 무릎을 걸어서 넘어뜨린다거나. 기분 나빠서 항의한 적이 있는데, 그때부터 한 직원 오빠가 저한테 밥값 하라고 5,000원을 주더라고요. 나중에 들어보니까 제가 점장이랑 '트러블' 만들까봐 준 거였대요. 사고 칠까봐. 이래저래 제 태도가 마음에 안 든 것 같아요."

알바 노동자 10명 중 6명은
'유령 노동자'

알바를 시작할 때는 근로계약서라는 게 있는지도 몰랐다고 한다. 매장 측과 대화가 어려워지자 조윤 씨는 알바노조에 도움을 청했다. 알바노조는 최저임금도 지키지 않은 매장 측에, 그만큼 체불된 임금을 지급하라고 요구했다. 근로계약서를 쓰지 않은 것, 휴식시간을 지키지 않은 것 등 다른 위반 내용에 대해서도 이야기해주고, 체불임금을 주지 않으면 노동부에 신고할 거라고 알렸다.

매장 측에서는 도리어 조윤 씨를 비난했다. 조윤 씨가 일을 못해서 잘린 거고, 자기들은 잘못한 게 없으니 자기네들도 신고를 하겠다는 거였다. 하지만 매장 측에서도 노동부에 문의를 해본 뒤에 결국 조윤 씨에게 체불임금을 줬다. 조윤 씨의 사례는 정말 너무도 많은 알바 노동자들이 겪는 흔하고 흔한 일이다.

2013년 8월을 기준으로 시간제 노동자가 근로계약서를 서면으로 작성하는 비율은 38.6퍼센트밖에 안 된다. 통계청의 경제활동인구조사 결과다. 알바 노동자 10명 중 6명은 자신의 노동에 대한 아무 기록도 없이 '유령 노동자'로 일하고 있는 것이다. 근로계약서를 쓰지 않으면 사용자는 500만 원 이하의 벌금을 물게 돼 있다. 하지만 2013년 신계륜 국회의원실의 자료에 따르면, 최근 3년간 근로계약서 미작성으로 적발된 4,585건 중 실제로 처벌받은 건수는 단 세 건에 불과하다.

알바노조에 상담을 의뢰하는 대부분의 경우가 임금체불 문제다. 최저임금을 받지 못하고 일한 경우가 제일 많은데, 청소년 같은 경우는 수습기간을 둬서 최저임금보다 더 낮은 임금을 주는 경우도 많다. 주휴수당, 야근수당, 퇴직금 등은 그런 게 있는지도 모르는 사용자가 대부분일 정도다.

임금체불 상담이 들어올 경우에 알바노조에서는 어떻게

해결해주나요?

구교현: "주로 노동부에 신고해서 해결하죠. 3년 전까지 소급해서 받을 수 있으니까요. 직접 사용자에게 연락하고 찾아가기도 해요. 법을 몰라서 돈을 못 준 사용자도 있어요. '알바한테도 그런 게 있냐?' 그래요. '나도 어렵다' 하는 사용자들도 많은데, 대부분 체불임금이 10만 원, 20만 원 수준이에요. 그것 때문에 망한다는 건 '오바'죠. 자영업 어려운 건 다 아는 얘기고, 사회적으로 해결해야 하는 문제인 건 맞아요. 하지만 사람을 쓴다는 건 예의와 존중이 필요한 일이잖아요. 최소한 법은 지켜야 한다고 설득하죠."

체불임금과 관련해서 기억에 남는 사례가 있나요?

구교현: "서울 강남에서 편의점 실태조사를 하다 만난 분이 있어요. 편의점 야간 알바를 10년 넘게 했어요. 이미 나이도 서른이 넘었고. 비정규직 직장을 구하는 것보다 차라리 그나마 상대적으로 시급이 높은 편의점 야간 알바가 낫다고 생각했대요. 마지막으로 일한 편의점에서 2년 넘게 일하고 그만두는 상황에서 퇴직금이 있다는 걸 알았대요. 점주한테 퇴직금을 달라고 요청했는데 거절당했죠.

저희가 계산해보니 퇴직금, 체불수당 등 다 더해서 700만 원 정도 되더라고요. 결국에는 점주랑 합의해서 체불수당은 빼고 퇴직금만 받기로 했어요. 그런데 나중에 소식을 들으니 그 돈을 괜찮은 일자리를 구하거나 자기 생활비로 쓰지 않고, 집안 빚 갚는 데 다 쓴 거예요. 그러고 그분은 콜센터 비정규직으로 취업했더라고요. 그런 빈곤의 악순환을 확인하는 게 참 씁쓸하죠."

"저는 5,000원짜리 하나만 사면 막 대해도 되는 그런 사람인 거죠"

지난 1년 알바노조 상근활동가로 일한 윤가현 씨는 그전에 6년 동안 알바 노동자로 살았다. 그가 처음 한 알바는 패스트푸드점 일. 고등학교 2학년인 열여덟 살 때였다. 그때 부모님한테서 규칙적으로 받는 용돈이 없었는데, 먼저 패스트푸드점에서 일하고 있던 친구가 윤가현 씨한테도 알바를 권했다.

같이 일하던 사람들은 대부분 윤가현 씨와 같은 청소년이었다. 재미는 있었지만 생각보다 돈 벌기가 힘들다는 것, 일할 때는 시간이 정말 천천히 간다는 것을 깨달았다고 한다. 시급은 3,200원 정도. 당시 최저임금 3,770원에도 미치지 못했다. 토요일과 일요일 이틀씩 일하고 첫 달 월급으로 20만 원도 못 받았지만, 자기 힘으로 돈을 번다는 게 큰 의미였다고 한다.

패스트푸드점은 분업이 잘돼 있는데, 윤가현 씨는 주문을 받는 캐셔 일을 제일 많이 했다. 일에 따라 시급이 다르진 않았지만 경력에 따라 달라지기는 했단다. 매니저가 볼 때 일을 잘한다 싶으면 1년도 안 돼서 시급을 50원이라도 올려주고, 반대로 경력이 쌓여도 시급이 안 올라가는 경우도 있었다. 고등학교 내

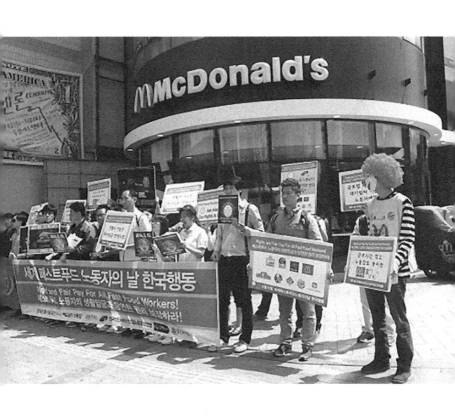

2014년 5월 15일 서울 맥도날드 신촌점 앞에서는
세계 패스트푸드 노동자의날 한국행동 기자회견이 열렸다.

사진 - 알바노조

내 부족한 용돈을 그렇게 직접 벌어서 썼다. 벌기는 어려워도 쓰는 건 금방이었다면서, 옷도 사고 학용품도 사고 좋아하는 가수 'UN' 오빠들의 앨범을 사는 데도 썼다며 쑥스럽게 웃었다.

6년 동안 윤가현 씨가 해본 알바 노동은 줄잡아 열두 가지 정도. 패스트푸드점, 피자집, 패밀리 레스토랑, 호프집, 옷가게, 다시 호프집, 백화점, 카페, 또 패스트푸드점, 영화관, 콜센터까지. '투잡', '쓰리잡'을 뛰면서 중간중간 호프집 일은 꾸준히 했단다. 정말 알바의 '끝판왕'이다.

지금까지 해보신 일들 중에 제일 편한 일, 또 제일 힘든 일은 뭐였나요?

윤가현: "편한 알바는 없었어요. 제일 힘든 건 패밀리 레스토랑. 일주일에 주말 이틀만 일했는데도 살이 한 달에 5킬로그램씩 쭉쭉 빠졌어요. 아홉 시간 일하는데, 음식을 들고 나르고, 해야 할 일이 너무 많고, 게다가 구두 신고 일하잖아요. 다리도 너무 아파요. 쉬는 시간 되면 밥을 먹어야 되는데 숟가락 들 힘이 없는 거예요. 그럴 때는 '멍 때리는' 게 제일 좋아요. 아니면 엄청 칼로리 높은 음료수나 커피를 마시고.

정신적으로 힘든 데는 콜센터였어요. 대부업체 같은 데였는데, 시급은 높은데 실적 경쟁이 심하니까 스트레스를 받는 거죠. 시급은 8,000원에서 9,000원 정도였어요. 3개월 정도 일했는데, 콜센터 알바 끝나면 또 저녁에 호프집 가서 일해서 돈은 많이 벌었어요."

영화관 일은 대학생들이 좋아하는 일 아닌가요?

윤가현: "영화관 알바에 혹하는 건 영화를 볼 수 있다는 것과 시급이 높다는 거예요. 근데 주휴수당을 따로 안 주고 시급에 포함시킨 거라서 시급이 높은 게 아니거든요. 일하다보면 영화도 잘 못 보게 되더라고요. 영화관에서도 가장 힘든 일이 팝콘 파는 일이에요. 대부분의 영화관 매출은 팝콘에서 나오거든요. 팝콘만 사려고 하면 콤보메뉴를 제안한다거나 판촉을 해야 돼요. 운동화는 절대 안 되고 구두 신고 일하고. 머리, 화장, 옷도 다 똑같이 하는데, 팝콘 기계는 뜨겁고, 매점 안에서 계속 몸을 움직여서 다녀야 되죠.

대체로 스타킹을 신는 알바들이 진짜 힘들어요. 치마 입어야 하고 화장해야 하고, 맨날 지적받는데 그런 건 시급에 쳐주지도 않잖아요. 그런 데는 립스틱도 어느 브랜드 어느 색만 바르라고 정해줘요. 그래서 알바들끼리 공용 틴트 놓고 같이 쓰기도 하고요. 바를 때도 세게, 쥐 잡아먹은 것처럼 발라야 되고, 예쁘게 연하게 바르면 혼나요. 대기업 영화관은 본사 교육을 하는데, 이상한 프라이드(자부심)를 주입해요. '여기서 일하는 건 되게 자랑스러운 일이구나. 나는 일개 알바가 아니라 영화관의 얼굴이구나.' 그런 게 되게 힘들어요."

술 취한 사람들을 상대하는 호프집 일도 힘들 것 같은데요.

윤가현: "호프집 일은 재미있었던 거 같아요. 그나마 할 일이 적은 편이고, 주방 이모랑 친해지면 안주 만들 때 조금 더 만들

세종시에 있는 최저임금위원회 앞에서
최저임금 1만원이 필요한 이유를 손피켓에 붙여놓고 구호를 외치고 있는
알바노조 조합원들과 허영구 지도위원(가운데)

사진 - 알바노조

어서 '가현아 저녁 안 먹었지? 이거 먹어' 이러면서 주시기도 하거든요. 좋은 기억도 많아요. 힘들 때 치킨 한 마리 튀겨서 집에 가서 먹으라고 주신 사장님도 있었고. 설 전에 정직원들한테 '떡값'이 나가는데, 저한테도 주신 사장님도 있었어요. '너도 줘야지 당연히, 우리 가족이니까' 그러면서."

안타깝게도 그 호프집 일의 '끝'은 좋지 못했다. 일하던 중에 점장이 귓속말로 성희롱을 한 것이다. 너무 놀라서, 왜 그러냐고 항의했다. 하지만 일이 바쁜 때라 뾰로통한 채로 일을 계속했단다. 그랬더니 점장은 '왜 일하면서 자꾸 짜증을 내냐'고 화를 냈고, 윤가현 씨는 아까 일을 사과하라고 했다. 윤가현 씨가 먼저 퇴근을 한 뒤에 점장은 또 전화로 '알바비를 안 주겠다'고 으름장을 놨다. 결국 윤가현 씨는 사장님한테 전화로 일을 그만두겠다고 했고, 자초지종을 들은 사장님은 그날까지 일한 월급을 다 계산해주며 사과했다.

손님들한테서도 성희롱을 겪었다. 반말은 예사고 "아가씨, 맥주 좀 따라봐" 하는 손님도 있었다. 그럴 때 손님들한테 가서 대신 항의도 해주고, 그 테이블에 서빙을 가지 않도록 배려해준 고마운 사장님도 있었다. 이렇게 녹록지 않은 호프집 일을 놓지 않고 계속한 까닭은 '투잡'이 가능한 일이기 때문이었다. 낮에는 다른 일을 하고 밤에는 계속 호프집 일을 하면서 대학 등록금과 생활비를 벌었다.

그런데 대학생이면 과외 같은 편한(?) 일을 할 수도 있지 않앉을까? 하지만 과외를 할 수 있는 사람은 일정한 '스펙'을 갖춘, 굉장히 제한적인 대학생들뿐이다. 과외도 다 시스템화돼서 업체에서 수수료를 떼어가고 경쟁도 심하기 때문에, 이른바 명문대 학생들도 편의점에서 알바를 하는 게 현실이라고 한다.

새벽까지 일하고 낮에는 학교를 다니는 게 쉽지 않을 것 같은데요.

윤가현: "등록금 벌고 생활비 벌려고 알바를 하는데, 어느 순간 한쪽을 포기해야 할 때면 도리어 학교 수업을 포기하게 되더라고요. 돈을 많이 버는 게 야간 알바예요. 아침에 퇴근하고 학교에 가면, 커피를 아무리 마셔도 졸게 돼 있어요. 학기 중에는 패스트푸드점에서 일하고 학교 다니고, 방학 때는 하루에 네 시간씩 자면서 투잡, 쓰리잡을 했어요. 아침 8시에 카페 오픈부터 시작해서 오후 3시에 끝나면, 집에 가서 밥 먹고 5시에 호프집으로 출근해서 새벽 2시까지 일해요.

집에 와서 씻고 새벽 3시에 자면 아침 7시에 일어나서 나와야 또 8시에 카페 문을 열 수 있어요. 그때 커피 한 잔 값이 3,600원이더라고요. 너무 비싸다는 생각을 했어요. 빵은 5,000원이 넘고 빙수는 만 원 넘기도 하고. 내가 두 시간 일해야 빙수 한 그릇 먹을 수 있다는 거잖아요. 자존감이 엄청 낮아졌죠. 또 '사람들은 겨우 이 5,000원짜리 하나 사먹으면서 나한테 그런 진상을 떠나' 하는 생각도 들었어요. 저는 5,000원짜리 하나만 사면 막 대해도 되는 그런 사람인 거죠."

그렇게 일하면 한 달에 얼마 정도나 벌 수 있었나요?

윤가현: "170만 원에서 180만 원 정도 벌었어요. 주말은 쉬었는데, 아무것도 할 수가 없어요. 집에서 잠만 자는 거죠. 몸이 힘들기도 했고, '나가면 돈이야' 하는 생각 때문에 못 나가기도 했어요. 밥을 안 먹고 우유 하나 마시고, (우유에) 시리얼 타서 먹고 그랬어요. 그렇게 돈을 벌면 빵 하나 사먹기도 너무 아까워요.

어느 날 아침에, 그날도 네 시간만 자고 일어나서 알바를 가려고 하다가 눈물이 막 나는 거예요. 도저히 알바 못 가겠다고 전화한 다음에 집 앞 빵집에 가서 그동안 먹고 싶던 빵을 골랐어요. 진짜 먹고 싶은 걸 다 고르고 케이크까지 골랐는데 가격이 2만 얼마밖에 안 되는 거예요. '겨우 이 돈 2만 원을 마음대로 못 써서 이렇게 살아야 되나⋯⋯' 그 빵을 사와서 룸메이트랑 같이 먹는데 또 눈물이 막 났어요. 이렇게는 못 살겠다, 학교를 포기해야겠다 마음먹었죠. 알바도 다 그만뒀고요."

조윤 씨는 지금 다른 일을 하고 계신가요?

조윤: "빵집에서 7개월째 일하고 있어요. 알바 다시 구할 때, 편의점 알바를 하려고 했어요. 면접 볼 때 점주한테 주휴수당 받고 싶다고 했다가 '너 말고도 일할 사람 많다'고 '까였'어요. 빵집은 일 시작하고 5개월 정도 지나서 근로계약서 썼어요. 저는 못 받았고 사장님만 가졌어요. 달라는 얘기를 전화로 했는데 아직 못 받았어요. 어딘가에 그 계약서가 있긴 있겠죠. 주휴수당 같은 건 말도 못했어요.

손님들이 반말하고, 화분을 들고 들어와서 매장에 흙을 다 흘려놓고는 '미안, 치워' 그러고 가는 사람도 있어요. 그래도 빵 굽는 기사님이랑 친해져서 잘 지내고 있어요. 식빵 구울 때 하나 더 구워서 피자치즈 올려서 주시고. 목금토일 나흘 일하는데, 생활비는 되는데 학비는 안 되죠. 작년 2학기는 휴학했어요. 이러면 다음 학기도 복학 못하는 거죠. 학자금 대출할 생각은 못해요. 어차피 못 갚을 거니까요."

"사장님한테 좀 개겨도 보고,
'내 편'이 있다는 걸 알면 좋겠어요"

이런 '알바'들의 삶에 '노동자'라는 제 이름을 찾아주기 위해 만들어진 곳이 알바노조다. 알바노조는 2013년 8월에, 알바노조를 외곽에서 지원하고 후원하는 단체인 '알바연대'는 그보다 먼저 1월에 만들어졌다. 알바노조에 들어오는 상담 신청 건수는 하루에 서너 건 정도. 1년이면 어림잡아 천 건이다. 알바노조 설립 당시 조합원은 10명이었지만 1년 반 사이에 350여 명으로 늘어났다. 현재 알바연대의 회원 수는 420여 명.

알바노조의 월 조합비 액수는 그해의 최저임금과 같다. 알바연대 회비도 최저임금 이상으로 자기가 정할 수 있다. 윤가현 씨는 "조합비 좀 많이 내고 싶은데 최저임금이 너무 안 올라요"라고 농담처럼 이야기했다. 실제로 알바노조가 상담사업과 함께

그 자체로 존중받아야 할 '알바 노동'

제일 집중하고 있는 것이 '최저임금 1만 원' 운동이다.

우리나라 최저임금은 2013년 기준으로 OECD 26개국 중 17번째로 평균에도 미치지 못한다. 심지어 물가를 고려해 다시 계산한 '실질최저임금'은 OECD 꼴찌. 한국노동연구원이 2012년 6월 발표한 '해외노동통계'에 따르면, 우리나라의 실질최저임금은 3달러(약 3,300원) 수준으로, 프랑스의 28퍼센트, 일본의 38퍼센트에 불과하다. 또 그렇게 낮은 최저임금조차 받지 못하는 노동자들이 10명 중 1명꼴이라는 조사도 있다. 2012년 8월 통계청의 '경제활동인구 부가조사' 결과, 최저임금 미만 노동자 수는 169만 9,000명으로 미만율은 9.6퍼센트에 이르는 것으로 드러났다.

'최저임금 1만 원' 요구가 비현실적이라는 주장에 대해 이들은 다른 근거를 보여줬다. 2013년 통계청이 발표한 '미혼 단신 근로자 생계비 분석보고서'에 따르면, 29세 이하 노동자의 한 달 생계비는 187만 3,899원이었다. 시급 1만 원은 돼야 벌 수 있는 돈이다. 한 사람의 노동자가 독립적으로 인간다운 삶을 누리기 위해서 이 정도의 돈이 필요하다면, 그만큼 최저임금을 높이는 건 당연한 것 아닌가? 어떤 종류의 일을 하더라도 최소한의 삶을 영위할 수 있는 임금을 받아야 한다는 게 알바노조가 말하는 원칙이다.

알바노조가 2015년 또 하나 공을 들이고 있는 운동은 초국적 패스트푸드업체 맥도날드의 부당한 노동관리 정책을 없애는 것이다. 알바노조는 2014년 맥도날드의 '꺾기' 관행을 고발했다. 꺾기란 주휴수당 등 수당을 주지 않기 위해 편법으로 근무시간을

판매사원 모집이 붙은 한 빵집 매장

사진 - 알바노조

낮춰 계산하는 것이다. 맥도날드 전현직 알바 노동자들을 대상으로 온라인에서 벌어진 설문조사에는 일주일 만에 1,600여 명이 참여했고, 64퍼센트가 꺾기를 경험했다고 대답했다.

그래서 구교현 씨는 1월 15일 조 엘린저 맥도날드 한국지사장에게 특별한 연하장을 보냈다. 매장별로 매출 대비 인건비 비율을 정하는 본사의 정책, '레이버컨트롤'을 없애라며 대화를 요구한 것이다. 답변하지 않으면 2월 7일 서울에 있는 매장 중 손님이 가장 많은 곳에서 점거시위를 벌이겠다는 선포(?)도 했다.

알바 노동자에 대한 여론은 다른 노동자들에 비해 꽤 우호적인 것 같은데요.

구교현: "그런데 언론에서 알바는 불쌍하고 비참한 존재로 비쳐져요. '갑질'을 규탄하는 여론은 좋은데 '그 불쌍한 알바한테……'로 인식되는 건 문제죠. 알바가 당한 갑질에 대한 여론하고, 알바 시급을 올리라는 주장에 대한 여론하고 다를 거예요. 그런 인식에 계속 도전해야죠. '알바는 힘없고 비참한 존재가 아니다. 이미 보편화된 노동형태다' 하는 걸 심어줘야죠. 언론의 관점이 바뀌어야 해요. 맥도날드가 법을 안 지킨 것도 당연히 문제지만, 맥도날드 같은 초국적기업이 최저임금만 주고 일을 시키는 건 더 큰 문제거든요."

알바 노동자들의 인식도 달라져야 할 점이 있겠죠?

윤가현: "진짜 한 번만 개겨봐도 세상이 달라 보일 텐데……

고등학교 때 피자집에서 일할 때, 점장이 설거지하고 있는 친구를 막 껴안는 거예요. 저한테도 아이스크림 사먹으라고 돈 주고는 '난 너한테 돈 줬는데 넌 왜 아무것도 안 주냐' 그랬어요. 그래서 같이 일하는 친구들한테 '우리 같이 알바 나가지 말자' 그랬거든요. 4명 다 안 가기로 했는데, 계속 전화가 오니까 한 명은 나가서 일했어요. 그때 처음 개겨봤어요.

정말 별별 친구들 많아요. 최저임금 못 받은 친구도 있고, 임금 다 떼인 친구도 있고, 쌍욕 들은 친구도 있고. 안타까운 건 그냥 포기한다는 거예요. 그만두고 다른 일 구하는 거죠. '내가 대신 전화해줄까?' 그래도 '그 매니저가 나한테 잘해줬어' 그래요. 그런 걸 왜 생각해! 한 친구는 카페 가맹점에서 3년 내내 알바를 하고 지금 직영 매장에서 1년 계약직 매니저를 하고 있어요. 근데 3년 동안 일한 퇴직금을 달라고 사장님한테 전화 한 통을 못하는 거예요. 같은 업체에 매니저로 취직도 했는데도. 진짜 안타깝죠.

떼인 돈을 한번 받고 나면 그동안 사장이 나한테 뭐라고 한건 다 잊혀요. 미안하다는 말 한마디 들으면 자존감이 훅 살아나요. 다음에 알바할 때 두렵지가 않아요. 알바노조 상근활동을 하게 된 계기도 그거예요. 저 같은 사람을 많이 만들자는 것. 사장님한테 좀 개겨도 보면 좋겠고, 알바노조처럼 '내 편'이 있다는걸 알면 좋겠어요. '난 알바니까 그런 나쁜 대우를 받아도 된다'고 쉽게 인정하지 않으면 좋겠어요."

"최저임금 1만 원이면 여름휴가 갈 수 있다."
알바노조가 2014년 6월 25일 최저임금 1만 원 캠페인을 펼치고 있다.
사진 - 알바노조

자신 같은 알바 노동자들을 도와주고 싶던 거군요?

윤가현: "오랫동안 알바를 하며 살면서, 제가 누구를 도와줄 수 있다는 생각은 전혀 못했거든요. 하지만 알바노조에서 활동하면서 저 같은 사람들을 계속 만나고 도와줄 수 있었어요. 다시는 야간 알바하면서 하루에 네 시간씩 자던 시절로 돌아가고 싶지 않다는 마음, 다시는 그렇게 무시당해도 되고 최저임금 받아도 되는 사람으로 돌아가지 않겠다는 마음이 있으니까. 그런 마음을 아니까요."

'사장님'들을 향한 조윤 씨의 지적은 무거웠다. 아무리 최저임금이 알바 노동자의 '최고임금'이 돼버린 게 현실이라지만, "최저임금 지켜서 주는데 뭐가 문제야?"라고 생각하지는 말라고 했다. 인심 쓰듯 최저임금에 몇 십 원 더 얹어주는 것으로 좋은 대우를 해주는 거라 착각하지 말라는 거였다. "최저임금은 주니까 괜찮네"라는 생각을 "최저임금밖에 안 주다니 나쁘네"라는 생각으로 바꾸는 일. 알바노조가 꾸준히 해온 일이다.

젊은 날 사회 경험이나 쌓으려고 하는 '알바'가 아니다. 그 자체로 존중받아야 할 '알바 노동'이다. 공부를 하다가 잠깐 용돈이나 버는 학생인 '알바생'이 아니다. 나이와 소속에 상관없이 자신의 권리를 주장할 수 있는 '알바 노동자'다. 인터뷰 전 그냥 외우려고 한 말들이 이제 자연스럽게 입에서 나온다. 숫자로 따지고 법을 들이대야 하는 문제들도 중요하지만, 그보다 이런 인식이 바뀌는 게 제일 중요하다는 것도 알겠다.

인터뷰를 마치고 집으로 가는 길, 휴대폰에 새로운 전화번호 하나를 저장했다. 1800-7525. 전국 어디서나 통화할 수 있는 알바상담소 전화번호다. 알바 노동자들을 응원하기 위한 방법은 뭐가 있겠냐고 물으니, 구교현 씨는 당연히 알바노조에 조합원으로 가입하거나 알바연대 회원이 돼주면 제일 좋다고 말했다. 하지만 그런 건 돈이 드니까 좀 쉽지 않을 수 있고, 그래서 부탁한 것이 두 가지 더 있었다.

"때마다 알바들의 권리에 대해 SNS에 뿌리는데 그런 게 보이면 적극 '좋아요'와 '공유하기'를 해주시면 좋겠어요. 자기 SNS 친구들 중에 알바들이 한 명 이상은 꼭 있을 거거든요. 그리고 저희 알바상담소 번호가 1800-7525예요. 전국 어디서나. 꼭 자기가 상담할 일이 없더라도 그 전화번호를 핸드폰에 저장해두셨다가 '누가 알바하다가 돈 떼였다더라' 하는 걸 들으면 바로 알려주세요."

후기

어떤 인터뷰든 하기 전에 걱정이 안 되는 인터뷰는 없겠지만, 이번 인터뷰를 하기 전에는 조금 다른 종류의 걱정을 많이 했다. 알바노조는 최근에 언론에 너무도 많이 등장한 노동조합이기 때문이었다. 특히 이번 인터뷰 시리즈 작업을 하면서 가능한 한 그 노동조합의 '위원장'이나 '지부장' 같은 분들은 만나지 않으려고 했는데, 이번에는 기자들이 단골(?)로 찾는 알바노조 위원장 구교현 씨와 함께 인터뷰를 하게 됐다.

알바 노동과 알바 노동자는 취업난에 시달리는 청년세대의 우울한 단면으로, 최저임금으로 대표되는 저임금 비정규 노동의 상징으로, 사회문제로 떠오른 '갑질' 사건들의 피해자로 언론에 자주 등장해왔다. 그만큼 나올 만한 얘기는 다 나왔다는 소리. 이야기의 가치는 두 가지에서 나온다. 새롭거나, 다르거나. 내가 쓸 알바 노동자에 대한 이야기는 이미 새롭기는 틀렸으니, 뭔가 '다른' 이야기를 이끌어내야만 했다.

나는 보통 어떤 사안에 대한 의견을 듣기 위한 인터뷰가 아니라 그들의 삶의 이야기를 듣기 위한 인터뷰를 할 때는 질문지를 따로 준비하지 않는다. 편하게 '대화'를 하다가 물고 늘어지고 싶은 것이 있으면 더 묻고 자연스럽게 새로운 화제를 찾아 '흘러가는' 인터뷰를 좋아한다. 그런데 같이 대화할 사람이 세 사람을 넘어서기 시작하면 내가 대화를 '진행'해야 하기 때문에 좀 힘들어진다. 이번에도 처음에는 그랬다. 인터뷰를 시작한 지

그 자체로 존중받아야 할 '알바 노동'

한참이 지나도록 나 스스로 그 대화를 즐기고 있다는 생각이 들지 않았다.

그렇게 이 인터뷰가 뭔가 잘 안 풀리고 있다는 생각이 들고 마음이 쫓기기 시작할 때, 못된 기자의 버릇이 고개를 든다. 이미 언론에 나온 이야기보다 좀 더 '쎈' 이야기, 더 못된 욕설을 듣거나, 더 나쁜 사장한테 월급을 떼이거나, 더 진상인 손님한테 고생한 이야기라도 어떻게든 '유도'하려는 거다. 그게 구교현 씨의 눈에 '딱 걸린' 건지, 그가 말했다. 언론은 알바 노동자들을 불쌍하고 비참한 존재로만 그리고 있다고.

뜨끔했다. 언론은 그렇다. 그냥 임금을 떼이고 해고당한 경우가 아니라, 폭행을 당하거나 성(性)적 문제가 얽히거나 아니면 당사자한테 안타까운 집안 사정이라도 있는 경우여야 한다. 더 드물고 더 센 이야기가 더 큰 뉴스가 되는 것은 어쩔 수 없지만, 어떻게든 그런 이야기만 끌어내려고 억지로 쥐어짜거나 꿰맞추는 게 언론의 부끄러운 민낯 아닌가. 구교현 씨의 얘기 덕분에 나도 정신이 좀 들었다. 다른 자리에서 들은, "제발 기자들이 '더 센 사례 없냐'고 전화 좀 안 하면 좋겠다"는 알바노조 홍보팀장 강서희 씨의 말도 생각났다.

글을 쓸 때도 계속 신경이 쓰였다. 그래서 '불쌍하고 비참한' 현실도 있는 대로 보여주면서 '당당하고 용기 있는' 알바 노동자의 목소리 역시 놓치지 않으려고 애썼다. "진짜 딱 한 번만 개겨보라고 말하고 싶다"던 윤가현 씨의 말이 반가웠다. 정말 그들은 사장님한테 한번 '개겨보고' 나서, 자신의 노동이 단순히 최저임금 액수로 폄하돼서는 안 되는 가치 있는 것이라는 사실을 알게 된 사람들 아닌가. "굉장히 일반적이지 않은 노동자들을 만난 것"이라는 구교현 씨의 농담처럼, 비록 아직은 그런 이들의 수가 많지 않지만 말이다.

그들이 말한 당당한 알바 노동자의 모습은 인터뷰 뒤에도 확인할 수 있었다. 바로 구교현 씨가 2015년 2월 7일로 예고한 맥도날드 매장 점거시위. 정말로 알바노조 조합원 100여 명은 2월 7일 서울 신촌에 있는 맥도날드 매장에서 점거시위를 벌이고 신촌 거리를 행진하며 알바 노동자의 권리를 외쳤다. '알바 노동자 최초의 행동의 날'로 기록된 그날, '알바노조가 허위사실을 주장하며 매장을 불법 점거했다'는 맥도날드의 유감 표명만이 유감스러울 따름이었다.

"용서해준다? 저희가 무슨 죄 지었습니까?"

장례지도사 유준한 씨

처조부님이 돌아가셨다. 출근 준비를 하다 연락을 받고 부랴부
랴 장례식장으로 갔다. 빈 장례식장 가운데서 장인어른은 검은
양복을 입은 어떤 남자와 마주 앉아 있었다. 옆으로 가 앉으니,
두 사람 사이에 카탈로그가 펼쳐진 것이 보였다. 꽃장식, 의전차
량, 수의, 관, 상복 등이 안내돼 있었다. 앞에 앉은 사람이 명함
을 주며 인사를 했다. 'A상조회 의전팀장', 장례지도사였다.

경황없는 와중에도 이런 인연이 있나 싶었다. 파업 중인 그
상조회사 장례지도사들을 인터뷰하고 온 것이 열흘쯤 전이었다.
닷새 동안의 긴 추석 연휴가 껴 있는 바람에 인터뷰 원고를 다
쓰지 못하고 있었는데, 여기서 또 그 이름을 만나게 됐다. 장례
지도사의 설명에 따라 이것저것 선택을 끝내고, 그에게 넌지시
물어봤다. 지금 파업을 하고 있지 않냐고.

"다 들어가고(현장으로 복귀하고) 5명 남았어요. 그중에 위원장은 해고됐으니 우리 회사 직원은 4명뿐이고. 거기가 어떤 회사입니까? 그 보수적인 곳에서 민주노총 노조를 그냥 두겠어요? 그 사람들(남아서 파업 중인 사람들) 입장도 이해하지만, 될 싸움을 해야죠."

그의 말처럼, A상조회는 전역 군인들의 모임인 B단체의 산하 기업이다. B단체의 누리집에는 "상호 간에 친목을 도모하고, 회원의 권익을 향상시키며, 국가 발전과 사회 공익의 증진에 이바지함"을 목적으로 하는 전역 군인들의 "친목·애국·명예단체"라고 밝혀두었다. 하지만 실제로는 선글라스를 쓰고 군복을 입고 태극기와 성조기를 흔들며 툭하면 '북으로 가라' 따위의 주장을 하는 어르신들의 모습이 먼저 떠오르는 단체다.

그런 전역 군인 단체 산하기업의 노동자들이 노동조합을 만들어 파업을 하고 있다. 그곳에서 대체 무슨 일이 있었을까. 2014년 9월 1일 서울 녹번동에 있는 민주노총 서울본부 사무실에서 파업 중인 장례지도사들을 만났다. 그들은 서울일반노조에 속해 있다.

그들은 민주노총 서울본부 사무실 한편에 마련된 방에서 함께 생활하고 있었다. 노조 분회장 유준한(가명, 남) 씨한테 그들이 생활하는 방을 구경시켜달라고 했다. '자료실'이란 간판이 붙은, 두어 평이나 될까 싶은 작은 방에 옷장과 좌식 책상, 옷걸이와 냄비 따위가 있었다. 인터뷰하기로 한 조합원 3명과 나, 영상 촬영 프로듀서까지 들어앉으니 작은 방이 꽉 들어찼다.

조합원들은 모두 장례지도사들이다. 회사에서 '의전팀장'이라는 이름으로 불리는 이들은, 상조회 회원들이 상을 당했을 때 장례 상담, 시신 관리, 의례 지도, 빈소 설치 등 장례 의식을 관리하고 장례 절차를 주관하는 일을 한다. 시신의 염습, 입관, 발인 등을 손수 진행하는 것은 물론, 장례 절차에 대해 잘 모르는 현대인들을 위해 조문이나 제례, 화장, 안치 등 장례 전반을 지도한다. 기본적으로 시신을 관리하기 위한 보건위생의 기술적인 요소와 함께, 장례 의례 전반을 이해하고 유가족을 위로해줘야 하는 상담적 요소도 포함돼 있는 일이다.

2009년 영화 〈내 사랑 내 곁에〉에서 배우 하지원이 여성 장례지도사로 나오기도 했고, 미국의 유명배우 안젤리나 졸리의 어릴 적 장래 희망이 장례지도사라서 열네 살에 독학으로 자격증까지 딴 사실이 알려져 한때 화제가 되기도 했다. 지금이야 장례지도사라는 전문직으로 인정받지만 2000년대 이전까지만 해도 '장의사' 또는 '염사'라는 이름으로 불리던 이들이다. 지금도 그런 인식이 일부 남아 있긴 하지만, 예전에는 궂은 일, 무서운 일(?)이라는 사람들의 편견 때문에 어디서 당당하게 자신의 직업을 말하기도 힘들었다.

2000년대 이후 사회적 인식이 바뀌면서 전국적으로 여러 대학교에서 장례지도학과를 개설하기 시작했다. 과거 친척이나 이웃 간 상부상조를 통해 치르던 장례의 전통이 약해지면서 기업화한 상조회사들이 우후죽순으로 생겨났고, 그 때문에 장례지도사 수요도 크게 늘어났다. 2012년 8월부터는 장례지도사 국가자

격제도가 시행되면서 명실상부 전문직으로 인정받게 됐다.

A상조회는 25만여 명의 회원을 보유한 업계 3위의 '메이저급' 상조업체로 알려져 있다. 유준한 씨는 의류매장을 운영하는 '사장님'이었다. 사업을 접고 다른 상조업체에서 일하다 2010년 A상조회가 직영 장례지도사를 모집할 때 들어왔다. 그전에는 A상조회도 다른 대부분의 상조업체와 같이 도급제로 운영됐다고 한다. 조합원 강호정(가명, 남) 씨도 유준한 씨와 같이 입사했고, 두 사람 사이에 반 발짝 물러나 앉은 조합원 서창건(가명, 남) 씨는 둘보다 4개월 뒤에 입사했다.

노동조합을 만들게 된 계기가 있었을 것 같은데, 언제부터 '사건'이 시작된 건가요?

유준한: "A상조회는 개인회사가 아니잖아요. 그러다보니 대표이사가 2년, 3년 단위로 새롭게 부임하는데, 현 대표이사가 2013년 2월 부임하셔가지고 느닷없이 직영 의전팀장이 하고 있는 장례 일을 아웃소싱을 하겠다고 했습니다. 장례 의전은 상조회의 핵심적인 부분이잖아요. 그런데 그런 핵심 부분을 아웃소싱한다는 게 저희는 있을 수 없는 일이라고 생각해서 바로 노동조합을 만들게 된 거죠."

직영 의전팀장이라고 하면 모두 정규직이라는 얘기죠?

서창건: "저는 제가 정규직인지 몰랐습니다. 대부분의 직원들이 그렇게 알고 있었을 겁니다. 하루아침에 해고되는 분들이 있

었거든요. 자기가 비정규직이라고 알다보니까 괜히 얘기 한마디 했다가 불이익을 당할까봐 숨죽여 있던 게 사실입니다. 그런데 2013년에 또 한 분 해고됐는데 그분은 노동부에 신고를 해서 다시 복직한 겁니다. 그때 보니까 저희가 비정규직이 아닌 정규직이었습니다. 그때 알았습니다."

아웃소싱 업체로 가라는 일방 통보
결국 노동조합 설립

의전팀장들은 분명 정규직이지만 계약직처럼 매년 고용계약서를 새로 써야 했다. 그러다보니 자신이 1년 계약직이라고 생각해온 것이다. 2013년 2월 새 대표이사 부임 이후 회사가 아웃소싱을 추진하자, 고용계약 문제 등으로 쌓여 있던 불만들이 노동조합 설립이라는 행동으로 터져나온 것이다.

그해 4월 전국의 의전팀장 44명을 모두 불러놓고 아웃소싱을 통보하는 자리에 대표이사는 없었다. 아웃소싱 업체 대표와 중간 관리자만 나와 있었다. 회사는, 유준한 씨 표현으로는 "듣도 보도 못한" 업체를 소개해주면서 전국에 있는 의전팀장들을 모두 그쪽으로 옮기라 했다. 노동자들이 보기에는 그만한 전국적 인프라가 없는 업체였기 때문에 신뢰할 수 없었다고 한다.

이들의 연봉은 1,800만 원 수준. 한 달에 장례 행사 여섯 건을 기준으로 150만 원을 받고, 추가로 행사를 치를 경우 건당 25

만 원을 더 받는다. 아웃소싱 업체에서는 지금의 임금 수준을 보장하겠다고 했지만 노동자들은 안심할 수 없었다. 아웃소싱 업체로 옮겨봤자 해고될 게 뻔하다고 생각했기 때문이다. 아웃소싱 업체와 계약을 끊는 방식으로 하청 노동자들을 해고하는 것은 이미 우리 사회에서 흔한 일 아닌가.

회사는 의전팀장들에게 5월 10일 자로 사표를 내고 아웃소싱 업체로 옮기라고 통보했다. 지시를 따르지 않으면 영업부로 발령 내겠다고 했다. 아웃소싱 업체의 근로계약서가 사무실에 비치돼 있었다. 하지만 노동자들은 지시를 따르지 않고 버티면서 5월 23일, 44명의 의전팀장 가운데 41명이 모여 노동조합을 설립했다. 회사는 결국 그 다음달에 아웃소싱 계획을 철회했다.

아웃소싱 계획이 철회됐으면 파업까지 올 필요는 없지 않았나요?

유준한: "아웃소싱 계획을 철회하면서 회사가 요구한 거죠. '노동조합을 없애달라.' 노사협의체로 바꾸자고 요구했습니다. 하지만 저희는 회사가 아웃소싱에 대한 미련을 버리지 못할 거라고 생각했죠. 그래서 10월 중순, 교섭 요구를 하게 된 겁니다. 다른 계기도 있었어요. 추석 상여금을 조합원 의전팀장들한테는 30만 원을 주고 다른 비조합원 내근직 직원들한테는 월급의 100퍼센트를 준 겁니다."

서창건: "회사에서는 내근직 직원들한테 입단속을 시켰습니다. 그런데 얘기가 안 흘러나올 수가 없지 않습니까. 거기에 우

리가 반발해서 상여금 30만 원 받은 걸 다시 회사에 던졌습니다 (반납했습니다)."

상여금을 반납했더니 회사에서는 뭐라고 하던가요?

유준한: "여름에는 장례 행사가 많이 없어서 추석 상여금을 적게 줬지만 가을 지나 겨울이 되는 연말에는 장례 행사가 많아지면 의전팀장들한테도 월급의 100퍼센트(150만 원 정도)를 주겠다고 했어요. 그리고 내근직 직원들한테 거꾸로 차등을 줘서 적게 주겠다고 했는데, 연말에 우리한테 100만 원을 주고 내근직 직원들한테는 또 100퍼센트를 준 겁니다. 계속 차별대우를 한 거죠."

추석 상여금 사건 직후에 교섭 요구를 하신 셈인데, 교섭은 잘 진행이 됐나요?

유준한: "노사 상견례도 안 하려고 하고 불성실하기 짝이 없었어요. 회사 쪽 말로는 '경험이 없어서 대응을 잘 못했다'고 하더군요. 그러더니 5차 교섭 때부터는 노무사를 고용해서 교섭에 나왔어요."

강호정: "저희가 단체교섭 요구하는 공문을 보내면 회사 쪽에서는 '이게 뭐냐'고 다시 물어봐요. 설명을 해줬더니 '이걸 어디다 붙여야(게시해야) 하냐'고 묻더라고요. '화장실에다 붙여도 되냐'고 묻길래 제가 '정 붙일 데 없으면 화장실에라도 붙이시라'고 했을 정도예요. 교섭 때마다 나오는 회사 쪽 임원이 바뀌

었습니다. 교섭이 진행이 돼야 하는데, 사람이 계속 바뀌다보니 매번 상견례 자리나 마찬가지였죠."

회사에서 고용한 경비업체 직원들이
새벽부터 밤까지 감시

회사는 공공연하게 노동조합을 없앨 것을 요구했다고 한다. 회사가 아웃소싱을 철회했으니 노동조합을 없애고 '처음으로' 돌아가야 한다는 논리였다. 노동조합은 받아들일 수 없었고, 교섭은 공회전만 거듭했다.

그러면서 회사는 유준한 씨와 강호정 씨 등 세 사람을 징계위원회에 올렸다. 강호정 씨의 징계 사유는 '지시 불이행'. 회사는 밤 11시에 전화해 다음날 영업사원 교육을 하라는 지시를 했고, 강호정 씨는 아무런 자료도 없는 상황에서 본래의 업무도 아닌 교육을 할 수는 없다고 했다. 그 다음날로 그는 징계위원회에 회부됐고, 징계가 논의된 보름 남짓 동안 회사는 강호정 씨에게 일을 주지 않았다. 징계 결과는 '견책'.

2013년 12월 징계위원회에 회부된 유준한 씨의 징계 사유는 '배임'이었다. '의전팀장은 영업을 할 수 없다'는 규정을 어기고 같은 회사에 영업사원으로 있는 조카를 내세워 영업을 했다는 거였다. 유준한 씨는 사실이 아닐뿐더러, 사실이라 하더라도 다른 회사 같으면 징계 사유조차 되지 않는다고 주장했다. "모든

"용서해준다? 저희가 무슨 죄 지었습니까?"

상조회사가 영업을 해오라고 장려하지, 영업을 했다고 징계하는 회사는 없다"는 것이다.

2014년 3월 유준한 씨에게 해고 처분이 내려졌다. 유준한 씨는 '이전에 그런 사유로 징계를 받은 사람은 단 한 명도 없는 것으로 안다'고 말했다. 징계위원회를 거쳐서 해고된 사람도 유준한 씨가 최초. 그전에는 그런 절차 없이도 회사의 말 한마디로 해고가 이뤄졌다는 말이다.

징계위원회에 올라간 또 한 명은 '무혐의'. 노동조합 간부들만 징계를 받은 것을 이들은 '노동조합 탄압을 위한 표적 징계'라고 받아들였다. 또 해고 한 달 전에 유준한 씨 해고를 전제로 작성된 회사 쪽의 문서가 발견돼, 노동조합의 의심은 더 깊어졌다. 의전팀장 조합원들을 대상으로 작성된 중간 관리자의 연설문 초안이 한 장례식장 공용 컴퓨터에서 우연히 발견돼 노동조합에 전해진 것이다.

유준한 씨가 해고된 것은 3월 5일. 그로부터 한 달도 전인 2월 3일 작성된 이 문서에는 "모월 모일 부로 그동안 함께 근무하시며 노조 위원장의 중책을 맡으셨던 모 팀장님께서 본사로부터 해고통지를 받"았다는 내용이 있다. 그리고 유준한 씨가 "개인의 비위를 마치 노조원 전부에 대한 탄압인 양 호도하여 이 시간까지도 선량한 여러분들을 방패" 삼고 있다며 "진정한 리더를 뽑으십시오"라고 충고하기도 했다.

누군가 대필해 중간 관리자에게 올린 것으로 보이는 이 문서에는 "노무사와 꼭 사전 협의하십시오. 유준한 팀장에 대한 공경어 표현은 책도 않(안) 잡히면서 이해의 극대화를 위함이니 꼭 사용하시면 좋은 결과가 있으실 거라 믿어요"라는 작성자의 메모도 있었다. 그 중간 관리자는 이 문서가 유출되자 '노동조합이 이메일을 해킹해 문서를 입수했다'며 고소했다.

결국 노동조합은 2014년 4월 5일 총파업에 들어갔다. 노동조합의 요구는 계약 기간을 삭제한 표준근로계약서를 도입할 것, 노동조합 설립 이후 60여 개로 크게 늘어난 '의전팀장 금지행위 조항'을 삭제할 것, 해고자를 원직 복직시킬 것, 징계위원회를 노사 동수로 구성할 것, 노동시간을 근로기준법 수준으로 줄일 것 등이다.

이들은 A상조회가 행사를 치르는 장례식장 앞을 찾아다니며 집회를 하고 있다. 그동안 B단체의 본회도 찾아가고, 삭발도 하고, 8월 프란치스코 교황 방한을 앞두고 광화문광장에서 1인시위도 했다. 회사는 이들의 집회가 '업무방해'라며 1억 2,000만 원 손해배상 소송을 걸었다. 그리고 B단체 본회 앞과 A상조회 본사 앞, B단체 회장 집 앞, A상조회 대표이사 집 앞, 상조회 회원의 장례 행사가 열리는 장례식장 앞 등에서 집회를 하지 못하게 법원에 가처분신청을 냈지만, 그것은 기각됐다.

노동조합을 만들고 1년도 안 돼서 파업을 시작했습니다.
두려움도 있었을 것 같은데.

서창건: "목숨이 위태로울 수 있다고 느낀 게 두 번 정도 있었습니다. 한 번은 회사 쪽 관리자가 폭행한 것, 다른 한 번은 회

사 쪽에서 고용한 경비업체 직원들이 새벽부터 밤까지 여기(숙소인 민주노총 서울본부)까지 들어와서 감시한 것. 저희가 이동하면 차로 졸졸졸 뒤따라오고, 지하철을 타면 거기도 쫓아옵니다. 미행하는 거죠. 저희가 어디로 간다 하는 걸 회사 중간 관리자한테 보고하고. 숙소에 숨어서 캠코더로 찍고."

유준한: "우리가 그 사람들의 일거수일투족을 또 역으로 촬영했어요."

강호정: "4일 동안 차에서 안 나오고 잠도 거기서 자고 밥도 거기서 먹고 화장실도 못 가고 페트병에 해결해가면서 촬영했죠. 사실 잠도 잘 안 오더라고요. 겁부터 나는 겁니다. 그 사람들이 여기만 촬영하는 게 아니라 제가 집에 잠깐 갔을 때 집에도 따라왔을 수 있는 것이고. 걸리면 어떡하나. (경비업체 직원들이) 대부분 건달 느낌 나는 분들이었기 때문에. 숨어서 이불로 다 덮은 다음에 카메라 렌즈만 내놓고 찍었죠."

감시하고 있다는 건 어떻게 알게 되셨나요?

강호정: "회사 쪽에서 들었습니다. 좀 친분 있는 사람이 '야 너네 아직도 차 하나로 움직이더라? 너네 (숙소) 나가는 거부터 누가 캠코더로 다 찍어갖고 오더라' 하더라고요. 딱 그 얘기 듣고서 알았죠."

서창건: "조합원들이 삼삼오오 모여 있는데 모르는 사람이 옆에 쓱 지나가는 겁니다. 그냥 지나가는 사람이겠거니 했는데, 다른 데 가봤더니 또 있어요. 또 다른 데 갔는데 또 있습니다. 알

고 봤더니 우리끼리 무슨 얘기를 하는지 듣고 회사 쪽에다가 얘기하는 겁니다. 이 사람들이 또 무슨 짓을 할지 모르겠더라고요. 일반 숙소도 아니고 민주노총 서울본부까지 들어온 걸 보고 진짜 큰일 날 수도 있겠다 느꼈죠."

관리자한테 폭행당한 사건은 언제 일어난 건가요?

서창건: "5월입니다. A상조회의 장례 행사가 열린다고 해서 한 장례식장을 찾아갔더니 '불법 대체인력'이라고 볼 수 있는 사람들이 일하고 있는 겁니다. 그래서 조합원들이 항의를 했고 회사 쪽의 관리자들이 많이 왔습니다. 경찰들도 와 있었는데, 관리자들하고 언쟁을 하던 중에 한 관리자가 뛰어와서 가슴을 가격한 거죠. 때릴 줄은 몰랐습니다. 경찰도 있고 다른 행인들도 많이 있었거든요. 바로 병원으로 가서 치료받고 3주 진단을 받았습니다."

"민주노총만 탈퇴하면
원하는 것 다 들어주겠다고"

감시와 미행이 언제부터 시작됐는지는 모른다. 하지만 노동조합이 '역(逆) 감시'을 통해 확인한 것은 6월 6일부터 10일까지. 차량 2대와 경비업체 직원 7명을 확인했다. 2014년 7월 11일 〈경향신문〉 보도에 따르면, 회사 쪽은 이런 행동에 대해 "정당한 시위

"용서해준다? 저희가 무슨 죄 지었습니까?"

를 했다면 사설 경비업체를 고용할 필요는 없었다"면서 "노조원들은 회사가 영업하고 있는 장례식장을 찾아다니며 확성기를 틀어놓고 영업을 방해했다. 이들이 어느 곳을 찾아가는지 알아보려 한 것"이라고 설명했다. 노동조합은 회사를 부당노동행위로 노동청에 신고했다.

5월의 폭행 사건에 대해서는 즉시 형사고발을 했고 그 관리자는 150만 원의 벌금형을 받은 것으로 알려졌다. 노동조합은 "회사 규정상 벌금 100만 원 이상의 형사처벌을 받은 사람은 해고하게 돼 있는데 그 관리자는 아직 멀쩡히 근무하고 있다"고 회사의 이중 잣대를 비판했다. 그리고 노동조합은 폭행사건의 원인이 된 불법 대체인력 문제에 대해서도 노동청에 신고했다.

2014년 9월 30일 〈상조뉴스〉와 한 인터뷰에서 회사는 조합원 폭행 사건에 대해 "노조원들이 남의 장례식장에서 입관 방해하고 행패를 부렸다. 이 사람들이 난리를 치니까 우리 의전센터장이 '하지 마라' 했더니 이 노조원이 할리우드 액션으로 나자빠진 거다"라고 해명했다. 그리고 벌금형을 받은 직원을 징계하는 규정이 있는지에 대해 "회사에 그런 내규는 없다"라고 부인했다. 하지만 유준한 씨는 "회사 취업규칙에 나와 있는 내용"이라고 다시 반박했다.

파업 이후에도 간간이 이뤄지던 교섭은 6월 중단됐다. 교섭 요구를 회사 쪽은 '불법파업'이라는 이유로 거부했다. 2014년 8월 22일 STV 보도에 따르면, 회사 쪽은 "배임행위를 하고 해고된 자(분회장 유준한 씨)의 복직 요구 파업이기 때문에 불법적인 파업"이라며 "(파업이나 집회는) 노조가 사실이 아닌 내용으로 회사를 흠집 내기 위해 의사표시를 하는 것"이라고 밝힌 바 있다.

회사 쪽과 교섭하는 데 가장 걸림돌이 되는 건 뭔가요?

강호정: "회사 쪽이 가장 원한 건 민주노총 탈퇴였습니다. '위(B단체 본회)의 어르신들이 그걸 원하신다.' 민주노총 포기하면 원하는 것 다 들어주겠다고. 그리고 하나, '분회장님(유준한 씨)은 안 된다'. 민주노총 탈퇴가 저희는 제일 무서웠던 거죠. 저희 힘이 없어지는 것이기 때문에. 상급단체를 무시 못하잖아요."

유준한: "제가 비공개로 회사 쪽을 만난 적이 있습니다. 어떤 얘기를 하시냐면, '민주노총을 탈퇴한다면 아무런 문제될 게 없다. 단 대표이사한테 죄송하다고 말하고 B단체 본회 회장님한테 가서 무릎을 꿇어라' 그렇게 이야기를 했습니다."

파업한 지 150일(인터뷰 당시)이 지났습니다. 지금은 다섯 분밖에 남아 있지 않는데요.

유준한: "31명이 시작했다가 23명이 됐고, 6월 말에 지금 남은 5명을 제외하고는 현장으로 복귀했습니다. 6월 초의 미행과 사찰에 압박을 많이 받았고, 파업 80일이 넘어가다보니까 먹고 사는 게 힘들어지고 가족들 때문에 흔들렸죠. 시시때때로 회사 쪽의 회유도 있었습니다."

강호정: "개별적으로 회사 쪽 이야기를 듣고 온 분들이 '나는 회사의 진심을 느꼈다. 대표는 민주노총만 탈퇴하면 다 봐준다

"용서해준다? 저희가 무슨 죄 지었습니까?"

고 한다. 지금 복귀 안 한다면 회사가 법적으로 민형사상 소송을 다 걸 것이고, 복귀한다면 소송을 취하한다고 들었다' 하고 얘기하니까, 조합원들은 지금이 마지막 기회라는 생각이 들었겠죠."

서창건: "다 가정이 있는 분들인데 파업하는 동안 수입이 없지 않습니까. 집사람한테 '좀 있으면 끝나, 좀 있으면 끝나' 그러면서 돈은 못 갖다주고. 그 상태에서 회사에서 1억 2,000만 원 손해배상 소송을 걸어버렸어요. 복귀하신 분들 욕하고 싶은 생각 없습니다. 저도 흔들렸던 건 사실이니까요. 그분들 복귀할 때 회사에서 민주노총 탈퇴 서약서를 강요했답니다. 그분들 그거 다 쓰고 복귀하신 겁니다."

현장으로 복귀하신 분들은 노동조합을 다 탈퇴하신 건가요?

강호정: "아뇨. 민주노총 탈퇴서가 아니라 탈퇴 서약서였어요. 탈퇴서를 받으면 부당노동행위로 걸리니까, 앞으로 탈퇴하겠다는 서약서를 받은 거죠."

서창건: "가슴이 아픈 것은 바로 며칠 전까지 같이 밥 먹고 했던 사람이, 복귀하고 나서는 전화 한 통화 없습니다. 문자 메시지 하나 없습니다. 자기가 우리한테 연락하는 것을 주위에서 알면 불이익을 당할까봐 그러는 것 같아요. 서로가 몸 사리는 거죠."

현장으로 복귀한 조합원들은 가끔 이들이 집회를 하는 곳으로 찾아온다. 격려를 하러 오는 것은 아니고 '설득'을 하기 위해

서다. 이들 앞에서 눈물을 흘리면서, 파업 그만두고 현장으로 들어오라고 호소한다는 거다. 강호정 씨는 그럴 때마다 제일 마음에 걸리는 것은 유준한 씨라고 했다. 조합원들이 "등 떠밀어서" 분회장 자리를 맡긴 건데, 회사는 해고된 유준한 씨 복직만은 안된다고 버티고 있으니 말이다.

이들은 주중에는 민주노총 서울본부 '자료실'에서 지내고 주말에는 집으로 간다. 파업이 길어지면서 가족들을 만나는 시간도 무거운 짐이 돼버렸다. 서창건 씨는 적금과 보험을 해약해서 생계를 이어가고 있다. 아이들은 이제 아버지의 사정을 눈치 채고 뭘 사달라는 얘기를 하지 않는단다. 서창건 씨는 오히려 그런 모습을 볼 때 마음이 더 안 좋아서, 집에 있는 날에도 아이들과 마주치지 않으려고 방에서 잘 나오지 않는다.

가족들 이야기에 대화 사이사이 침묵이 길어졌다. 그래도 마지막에는 '끝까지 한번 가보겠다'는 말로 의지를 보이는 이들. 싸움은 이제 '용서를 빌고 밥벌이를 찾을 것이냐, 자존심을 지키며 싸워 이길 것이냐' 하는 문제로 흘러왔다. '노동자'라는 이름의 아버지들에게 용서를 빌라는 세상은 대체 누가 만든 걸까. 예정보다 한 시간이나 길어진 인터뷰를 마치고 돌아오는 밤, 서창건 씨의 질문을 나도 따라 해봤다.

"회사가 말하는 '용서해준다' 그 말이 참 웃긴 게, 저희가 무슨 죄 지었습니까? 헌법이 보장한 노동3권을 사용하고 있는 중인데, 회사에서 용서해준다? 저희 죄 지은 거 아니지 않습니까."

후기

장례지도사 인터뷰는 이 책 작업의 첫 번째 인터뷰였다. 2014년 봄, 그들이 노동조합을 만들고 파업을 하고 있다는 소식을 들은 때부터 그들의 이야기를 꼭 한 번 듣고 싶었다. 장례지도사라는 일 자체도 궁금했고, 비교적 역사가 짧은 상조업계에서 노동조합을 만들고 파업까지 하는 사업장이 있다는 게 신기하기도 했다. 사실 상조업계의 파업은 이전에도 있었다. 2009년 보람상조 노동자들이 파업을 한 적이 있었는데, 그때 회사 대표가 노동조합 조합원들에게 가스총을 쏘는 사건이 일어나기도 했다.

노동조합에 대한 상조업계 분위기가 '그 정도'라는 것을 알고 있었기 때문에 더 A상조회 노동자들을 만나고 싶었다. 하지만 그들의 '투쟁'에 대한 궁금증이 너무 컸기 때문일까, 인터뷰를 마치고 나서 녹취 파일을 다시 들어보니 영 마음에 들지 않았다. 조합원들도 당시 너무도 날선 파업투쟁을 하고 있는 상황이라 자신들의 억울함을 한마디라도 더 말하려고 애썼고, 나 역시 그들의 투쟁 이야기에만 너무 집중하느라 장례지도사라는 일과 그들의 인간적인 삶의 이야기를 잘 물어보지 못했다.

결국 다시 한 번 그들을 만나야겠다는 생각이 들었다. 해가 바뀌고, 출판사에 원고를 보내기로 한 날짜는 이미 지나버렸지만 며칠 더 양해를 구하고 유준한 씨한테 전화를 걸었다. 목소리가 다급했다. 일주일 뒤에 정말 중요한 일이 있다면서 그 뒤에 다시 통화하자고 했다. 여섯 달 전 인터뷰 당시 함께 투쟁하던

조합원 4명 중 3명은 이미 사직서를 쓰고 회사를 떠난 상황. 남은 이들은 집회나 1인시위조차 하지 못하고 있었다. 노동조합으로서 활동을 못하게 돼서 노동조합 분회도 '사고분회'로 처리됐다고 했다.

일주일이 지나 약속된 날짜에 다시 전화를 걸었다. 받지 않았다. 잠시 후에 전화를 주겠다는 문자 메시지만 올 뿐 다시 전화도 오지 않았다. 사흘 뒤 드디어 전화를 받았다. 일주일 전만 해도 '그때(첫 인터뷰)보다 지금은 할 말이 더 많다'며 다시 인터뷰하자고 하던 그였는데, 목소리가 많이 가라앉아 있었다. 불길한 느낌은 딱 들어맞았다. 바로 하루 전날 마지막 남은 한 사람의 파업 동료마저 회사로 복귀했다. 파업 11개월 만에 혼자가 된 '해고자' 유준한 씨는 결국 추가 인터뷰를 거절했다.

장례지도사의 삶 이야기로 부족한 글을 채워 원고를 수정하려 했는데, 생각지도 못한 엉뚱한 곳을 수정하게 됐다. 함께 인터뷰한 조합원들의 이름을 가명으로 바꾸고 누군지 드러나지 않게 발언을 조금씩 손봤다. 상조회사의 이름과 모(母)단체의 이름도 영문 이니셜로 처리했다. 그들의 선택이 이해되지 않는 것은 아니었다. 당연히 그 선택 앞에 고민하고 또 고민하며 지독하게 힘들어했을 거라고 짐작하고도 남는다. 하지만 분명히 내가 만나고 분명히 내가 들은 그들의 이야기 앞에 엉뚱한 이름을 지어넣으면서 마음이 참 착잡해지는 것은 어쩔 수 없었다.

"아무래도 지금은 만나기 힘들 것 같습니다. 나중에라도 혹시 만나서 드릴 말씀이 생기면 연락드리겠습니다."

"용서해준다? 저희가 무슨 죄 지었습니까?"

유준한 씨가 추가 인터뷰를 거절하며 한 말이 잊히지 않는다. 정확히는 그 말이 아니라, 그 말에 실려온 참담한 감정이. 지난가을 인터뷰에서 "끝까지 한번 가보겠다"고 하던 그들의 표정과 지금 전화기를 통해 들려오는 무거운 목소리가 쉽게 겹쳐지지 않았다. 지금 혼자 남았다는 외로움을 느끼고 있을 사람은 유준한 씨만이 아닐 것이다. 먼저 사직서를 쓰거나 회사로 복귀한 조합원들 모두, 말로 쉽게 옮기기 힘든 외로움을 견디고 있지 않을까. 그들의 외로움에 내 나약한 위로를 보낸다. 부디 아직은 '끝'이라 여기지 마시길.

투쟁 700일, 매일 1인시위를 하는 사람

콜센터 상담원 봉혜영 씨

기록 최규화

'수능한파'라고 했다. 그날 아침 뉴스에서는 최저기온이 영하 3
도, 체감온도는 영하 8도라면서 수능 날 한파주의보가 발령된
것은 처음이라고 목소리를 높였다. 확실히 얼굴에 와 닿는 공기
부터 달랐다. 이렇게 겨울이 시작되려나보다. 그들에게는 거리에
서 맞는 세 번째 겨울. 그날 2014년 11월 13일은 한국보건복지정
보개발원 노동자들이 해고 통보를 받은 지 정확히 '686일'째 되
는 날이었다.

오전 8시 20분 서울 지하철 4호선 충무로역. 취재를 약속한
시간보다 조금 일찍 도착했다. 역사 안 벤치에 잠깐 앉아서 한
숨 돌렸다. 출근을 서두르는 사람들은 우르르 쉴 새 없이 지나갔
다. 나도 오늘 이 취재를 나오지 않았다면 저들과 똑같이 종종걸
음으로 바쁘게 일터로 갔을 거다. 기분이 묘했다. 내가 '686일째'

아침마다 저들을 봐야 한다면, 그리고 저들이 지겹게 들어가야 하는 저 일터에 '나만' 들어갈 수 없다면.

약속시간에 맞춰 역을 빠져나갔다. '남산스퀘어(옛 극동빌딩)'라는 큰 건물이 보인다. 앰프에서 나오는 짱짱한 '투쟁가' 소리를 들으며 주위를 둘러보니, 저만치 주차장을 지나 건물 입구에 피켓을 들고 선 이가 보였다. 수십 층 하얗고 거대하게 선 건물 앞에, 작은 점처럼 까만 음영으로 보이는 사람. 매일 아침 이곳에서 1인시위를 하고 있는 서울일반노조 한국보건복지정보개발원분회 분회장 봉혜영(49, 여) 씨였다.

짧은 인사를 나누고, 1인시위하는 모습을 이쪽저쪽에서 카메라에 담았다. 역시 한파는 한파였다. 몇 분 되지도 않았는데 손이 얼어붙을 것 같았고, 바람이 불 때면 눈도 못 뜨고 고개를 돌려야 했다. 매일같이 8시부터 한 시간 동안 서서 1인시위를 하는 봉혜영 씨 앞에서 추운 내색을 할 수가 없었다. 오들오들 떨고 있는 내가 안쓰러웠는지 봉혜영 씨가 한마디 건넸다.

"추우니까 1인시위 끝날 때까지 건물 안에 들어가 계세요. 들어가보시면 재밌어요. 우리가 투쟁가를 틀면 안에서도 음악을 틀거든요. 클래식 같은 걸 트는데, 우리가 볼륨을 높이면 쟤들도 높이고. 재밌어요."

유리문 안으로, 보안 또는 안내를 맡은 남녀 직원들이 양복을 입고 몇몇 서 있는 게 보인다. 출근을 서두르는 다른 직원들은 한결같이 봉혜영 씨 쪽으로는 눈길을 주지 않는다. 눈길만 주지 않는 게 아니다. 봉혜영 씨가 마주 보이는 중앙의 큰길로 걸어 들어가지 않고, 그 옆의 주차장 길을 통해 건물로 들어갔다. 아침마다 그렇게 자신을 스쳐 지나가는 사람들을 보며, 봉혜영 씨는 무슨 생각을 할까.

"시간이 정말 빨리 가요. 이런저런 생각들을 하는데, 주로 마음속으로 결의를 계속 다지죠. 투쟁가 틀어놓고 듣다가 가끔 울컥하면서 감정이 올라오기도 해요."

몇 마디 나누며 봉혜영 씨 옆에 나란히 섰다. 길 건너 건물들 너머로 남산이 보이고, 남산타워(지금은 서울N타워)도 보인다. 매일같이 여기서 겨울, 봄, 여름, 가을, 계절이 바뀌는 것을 아홉 번이나 지켜봤겠구나. 9시가 됐다. 1인시위를 마치고 앰프와 피켓들을 바로 길 하나 건너에 있는 세종호텔 노동조합 사무실로 옮겼다. 그곳을 잠깐 빌려서 봉혜영 씨와 마주 앉아 이야기를 시작했다.

한국보건복지정보개발원(원장 원희목, 이하 개발원). 이름만 봐서는 뭘 하는 곳인지 잘 모르겠다. 보건복지부 산하기관으로 2009년에 설립된 이곳은 보건복지 분야 정보시스템 운영·관리와 사회·보육서비스 통합정보시스템 운영·관리, 보건복지 분야 정보화 지원 등을 하는 곳이다. 봉혜영 씨는 고객지원부에서 일했다. 고객지원부는 전산 시스템 사용법을 안내하고 오류에 대해 상담하는 일을 주로 한다.

2014년 11월 13일 서울 충무로 남산스퀘어 앞에서
출근 선전전 중인 봉혜영 씨.

사진 - 최규화

"잘해보자" 해놓고 '재계약 없음' 통보

**그냥 보기에는 콜센터 일 같기도 한데 내용을 보면 굉장히
전문성이 필요할 것 같아요.**

"다른 콜센터처럼 익명의 다수를 상대하는 곳은 아니죠. 보
건복지 관련 전산 프로그램을 사용하는 사람들이 사용하다가 문
제가 생겨서 연락을 하면, 저희가 원격으로 들어가서 문제를 해
결해주는 부서예요. 옛날에는 서류상으로 오가던 것들을 전산화
한 거죠. 공무원들을 대상으로 하는 '행복e음'이라는 프로그램이
있고, 민간 복지시설에서 사용하는 프로그램, 보건소에서 사용하
는 프로그램, 유치원이나 유아원 같은 보육시설에서 보조금 받
을 때 쓰는 프로그램, '바우처' 관련 프로그램까지 전부 관할하
는 거죠."

언제부터 이 일을 하셨나요?

"2011년에 입사했고요, 이 일 하기 전에는 학습지 교사였어
요. 5년 넘게 일했는데, 너무 힘들어서 복지사 자격증을 땄어요.
복지 관련 일을 해보고 싶다는 생각을 옛날부터 했거든요. 그래
서 알아보다가 여기가 보건복지부 산하 공공기관이고 복지 업무
를 한다고 해서 입사하게 됐죠. 여러 성격이 절묘하게 섞여 있는
일이에요. 익명의 다수한테 시달리는 감정노동을 한다고 말하기
에는 영역이 좀 정해져 있고 관계성을 갖고 있는 사람들을 상대
하죠. 복지 업무를 한다고 하기에는 너무 프로그램적인 상황만

설명하는 거고 그래요."

일하는 환경이나 처우는 어땠나요?

"고객지원부에서 일하는 사람들은 150명 내외고, 100퍼센트 비정규직입니다. 2년이 지나서 무기계약직으로 전환이 된 경우도 있지만 기본적으로 다 개발원에서 직고용한 비정규직입니다. 근로조건도 안 좋았죠. 미리 가서 프로그램 다 확인하고 오전 9시부터 짠 하고 전화를 받기 시작하는 거예요. 오후 6시 될 때까지 숨 쉴 틈 없이 수화기를 들고 있는 거죠. 그런 모습은 다른 콜센터랑 똑같아요. 책상마다 칸막이 쳐져 있고, 9시 되면 짠 하고 시작해서 6시 되면 짠 하고 끝내고, 퇴근도 일사분란하게 쫙 하고. 공장 같은 느낌이에요."

보통의 콜센터에는 실적에 따라 인센티브 제도 같은 게 있던데요.

"제가 처음 들어갔을 때 한 달에 150만 원 정도 받은 것 같아요. 지금은 좀 올라서 170만 원 정도 된다고 하더라고요. 월급은 딱 정해져 있고, 일한 지 1년이 넘으면 5만 원을 올려주고요. 인센티브는 실적 상위 몇 퍼센트로 끊어서 상품권으로 줬어요. 실적은 콜(통화) 수, 통화시간 같은 걸로 매기고요. 제가 하루에 많이 받을 때는 100콜 이상 받은 것 같아요."

정규직 관리자들과 갈등 같은 것은 없었나요?

"휴식시간도 관리자가 기분이 좋으면 주고, 기분이 나쁘면 안 주고. 휴식시간을 요구하니까 서로 겹치지 않게 휴식시간을 배정해줬는데, 어느 날은 출근하자마자 9시부터 9시 15분까지 휴식시간이고 그래요. 또 회의실 겸 휴게실이 있는데 모두 앉아서 도시락을 먹을 만한 공간도 없어서 그냥 각자 자기 책상에서 밥을 먹기도 하고. 관리자에 따라서, 전화도 시끄럽다고 조용히 받으라 그래요. 요양원 같은 시설에 계신 분들은 나이가 많으시니까 조그맣게 얘기하면 못 알아들으세요. 그래서 크게 얘기하면 관리자가 와서 주의 주고.

한 정규직 관리자가 여성 상담원들을 좀 집적거렸어요. 그래서 성희롱 예방 교육할 때 한 5명 정도가 관리자 한 사람을 비밀리에 지목한 거예요. 그랬더니 그 상담원들을 재계약 안 시켜주고 현장에서 없애버렸어요. 그리고 그 관리자는 3개월 감봉 징계만 받고. 지금도 다른 부서에 관리자로 있어요."

2012년 12월 6일, 이상한 일이 벌어졌다. 개발원이 상담원들에게 '고용계약만료'를 서면으로 통보한 것이다. 통상적으로는 별도의 통보 없이, 매년 12월 31일 고용계약이 만료되면 바로 재계약이 이뤄졌다고 한다. 서면 통보를 이상하게 여긴 상담원들이 이유를 묻자, 개발원 측은 '원래 (계약만료 통보서를) 줘야 하는 건데 그동안 안 주고 있었고, 재계약을 위한 형식적인 절차이므로 걱정할 것 없다'는 식으로 대답했다고 한다.

연말 송년회 자리에서도 150여 명의 상담원들을 다 모아놓고 '새해에도 잘해보자'는 "우아한"(봉혜영) 이야기를 했단다. 특히 해가 바뀌면서 업데이트되는 프로그램에 대한 교육을 해마다 하는데, 2013년 새 프로그램에 대한 교육을 야근까지 해가면서 받았다. 그런 상황에서 자신이 해고될 거라고 예상한 사람은 당연히 없었을 거다. 모두 늘 그랬듯이 새로운 계약서에 '형식적으로' 사인을 하게 될 거라고 생각했다.

하지만 12월 28일, 개발원은 계약만료 통보서를 받은 이들 중 42명에게 '재계약 없음'을 확정했다. 그날은 12월의 마지막 금요일이었다. 서류상 계약만료일인 12월 31일은 월요일. 근무를 하지 않는 토요일과 일요일을 빼면 사실상 하루 전에 해고 통보를 받은 것이나 다름없었다. 42명 중에는 무기계약직 전환을 이틀 앞둔 사람도 있었고, 대부분이 2013년 상반기 중에 무기계약직으로 전환될 사람들이었다.

그들은 무슨 이유로 재계약을 하지 못하고 해고당해야 하는지 이해할 수 없었다. 그들 중에는 2012년 업무능력 우수상을 받은 사람도 있었고, 신입사원 교육을 담당한 사람도 있었기 때문이다. 또 업무지식 지필평가에서 만점을 받은 사람도 여럿 있었고, 평소에 상담을 잘한다고 '샘플링'의 주인공이 된 사람도 있었다. 그래서 그들은 개발원 측에 면담을 요구하고, 해고의 잣대가 된 업무평가 결과를 공개하라고 했다.

해를 넘겨 2013년 1월 3일까지, 해고된 상담원들은 개발원 측과 네 차례 면담을 했다. 하지만 개발원 측은 '계약이 만료된 계약직 노동자에게 해고 사유와 업무평가를 공개해야 할 법적인 의무가 없다'는 태도로 일관했다고 한다. 특히 해고의 이유를 밝혀줄 업무평가 결과에 대해서는 '상담원들을 관리하기 위한 하나의 방편이었을 뿐, 재계약 여부와는 상관이 없다'고 밝혔다 한다. 그러면서 도리어 '3개월짜리 계약직 신규 모집에 지원하면 선별적으로 구제해주겠다'는 제안을 하기도 했다.

해고된 상담원들을 더 분통 터지게 한 부분이 바로 그것이었다. 개발원은 42명 집단해고를 진행하면서, 12월 26일 그들의 빈자리를 채우기 위한 3개월 계약직 35명 채용 공고를 이미 내둔 상황이었다. 길게는 2년 가까이 그 일을 해온 숙련된 노동자들을 내보내고, 겨우 3개월짜리 신규 채용을 한다는 것을 어떻게 이해해야 할까. 당시 〈프레시안〉(2013.1.9.) 기사를 보면, 개발원 측은 그 이유를 "지금이 대학생들의 방학 기간이니, 젊고 똑똑한 우수 인력(대학생)들이 신규 채용에 상당수 지원하리라 판단"했다고 설명했다.

이해할 수 없는 것은 또 있다. 이들이 해고된 지 일주일이 지난 2013년 1월 7일, 대통령직인수위원회는 '공공부문 비정규직을 2015년까지 정규직화하겠다'는 발표를 했다. 그들이 밝힌 정규직화 대상자는 '공공부문 비정규직 중 상시적이고 지속적인 업무에 2년 이상 종사한 근로자'였다. 정확히 개발원의 계약직 상담원들 이야기다. 인수위가 "비정규직 문제는 박근혜 대통령 당선인이 대선 후보 시절부터 주요 과제로 거론했던 사안"이라며 강조한 이 공약은 왜 42명의 개발원 계약직 상담원들만 비껴갔을까.

보건복지부 산하 공공기관

한국보건복지
정보개발원은

비정규직부당해고
문제해결하라

한국보건복지정보개발원 투쟁승리를
위한 공동대책위원회

원직복직 쟁취!
민주노조 사수!

공공부문 비정규직 철폐!
신규채용 쓰레기안 폐기!

한국보건복지정보개발원
원희목 원장이
직접 해결하라!

한국보건복지정보개발원
투쟁승리를 위한 공동대책위원회

"진짜 약올랐어요
'인간에 대한 예의가 없구나'"

**12월 28일 해고 통보 직후부터 몇 차례 개발원 측을 만났다고
하셨습니다. 분위기는 어땠나요?**

"협박과 회유가 막 들어오죠. '너희들 공공기관에 취업 못하
게 하겠다', '근무지 이탈해서 모여 있으면 하루치 월급을 까겠
다'. 저희가 개인정보를 다루다보니까, 퇴사할 때는 그 정보를
밖에 누설하지 않겠다는 각서를 쓰거든요. 그걸 나눠주면서 쓰
라고 했는데 저희가 안 쓰니까 '월급 안 주겠다'고 그렇게 말했
죠. 노무사를 딱 데리고 나와서 '도의적으로는 미안하지만 법적
으로 잘못한 것이 없다'고 하고요."

**해고 통보 전에 3개월짜리 초단기 계약직 채용 공고가 났는데,
모르고 계셨나요?**

"알고 있었죠. 근데 어떻게 생각을 했냐면, 사람들은 자기
가 유리하도록 생각하고 싶어하는 묘한 감정이 있잖아요. 연말
이 되면 정산이다 뭐다 정리해야 할 게 많으니까 너무 바빠요.
그 전해에 저희도 너무 힘들고 욕도 엄청 많이 얻어먹고 그랬던
기억이 있었어요. 그래서 고객의 편의를 보장하기 위해서 3개월
계약직으로 충원을 시켜주나보다 하고 생각했어요. 그런데 알고
보니 저희를 쫓아내기 위해서 그런 거였죠."

해고 통보를 딱 듣고, 봉혜영 씨는 어떻게 하셨나요?

"그날 제일 먼저 한 게 중부경찰서에 가서 제 이름으로 집회 신고를 한 거였어요. 그러면서 피켓을 만들어서 돌아가면서 피케팅을 한 거예요. 건물 바깥하고 출입문에서요. 그러니까 그나마 네 차례 면담 테이블을 만들어준 것 같아요. 처음에 42명 중에 25명이 모였다가, 한 주쯤 지나고 해가 바뀌면서 13명이 남았어요. 또 한 번 5명이 퇴직금 받고 떠나고, 남은 8명이 2013년 1월 7일자로 서울일반노조에 가입을 한 거죠."

집회니 노동조합이니 하는 것들을 시작하는 데 두려움 같은 건 없었나요?

"사실 귀찮기도 하고 '어린 나이도 아닌데 무슨 영화를 보겠다고' 하는 생각도 들었죠. 그런데 진짜 약올랐어요. '애네들이 정말 인간에 대한 예의가 없구나.' 개발원에서는 대뜸 노무사 앞세워서 법적인 책임이 없다는 얘기나 하는데, 그래서 그들이 제일 두려워하는 게 뭘까 생각했어요. 아무래도 이게 여론화되고, 그들이 잘못했다는 게 알려지는 거더라고요.

제가 제일 두려웠던 것은 '나를 드러내는 것'. 그런 게 정말 싫었거든요. 하지만 투쟁을 하다보면 저를 숨기지 않고 드러내야 할 텐데 감당할 수 있을까 두려웠죠. 하지만 해야 되겠다고 시작하고 나니 그때부터 되게 수월해지더라고요. 그전에는 노동조합 같은 거 해본 적도 없어요. 투쟁이 이렇게 오래 걸릴 거라고도 생각을 못했죠. 길어야 6개월 정도면 해결될 줄 알았는데……"

이봉화 당시 원장을 직접 만난 적도 있나요?

"출근하는 이봉화 원장 차를 가로막고 원장실 같이 가서 직접 면담도 했어요. 이봉화 원장 왈, 자기도 계약직이래요. 맞죠. 자기도 계약직이기 때문에 자기는 계약만료가 다가오면 어디로 갈까 하고 찾아서 움직인대요. 그러니까 (그렇게 하지 않고 재계약을 바란) 우리가 이상한 것 아니냐고 반문하더라고요. 그렇게 따지면 대통령도 계약직이죠. 더군다나 재계약도 안 되는 가장 불행한 계약직이잖아요. 정말 박장대소했어요. '신선한 사고방식인데?' 하고."

해고된 상담원들은 보건복지부 민원실과 청와대 신문고에 민원을 제기하고, 보건복지부 게시판에 지속적으로 개발원의 부당해고를 규탄하는 글을 올렸다. 하지만 보건복지부 측은 '노동자와 개발원 측의 근로계약 관계 문제일 뿐'이라면서 '보건복지부가 관여할 일이 아니'라고 외면했다. 이봉화 당시 개발원 원장 역시 '나도 계약직이다'라면서 '비서진을 통해 나중에 입장을 밝히겠다'고 했지만 그 뒤에는 무대응으로 일관했다.

8명의 상담원들이 노동조합에 가입하면서 본격적인 '투쟁'이 시작됐다. 보건복지부 앞에서 기자회견을 하고, 출퇴근 시위와 함께 상담원들이 근무하는 남산스퀘어 건물과 조양빌딩 앞에서 집회를 열었다. 그리고 매주 투쟁 소식지를 만들어 직원들에게 뿌렸다. 자신들의 투쟁을 알리기 위해 다른 투쟁사업장을 찾아다니고, 국회에도 편지를 쓰고 직접 국회의원들도 찾아갔다. 그렇게 그들의 투쟁이 알려지면서 기자들이 그들을 찾아오기 시작했고 공중파 방송을 비롯해 몇몇 언론들이 그들의 소식을 기사화했다.

하지만 뜻밖의 문제가 발목을 잡았다. 그들이 속한 서울일반노조와 생긴 갈등이었다. 그동안 그들은 서울일반노조와 크고 작은 소통의 문제, 의사결정의 문제, 투쟁 방법의 문제 등을 겪어왔다. 2013년 5월 그들이 서울일반노조 아래의 한국보건복지정보개발원분회(이하 개발원분회)로 묶인 뒤에도 마찬가지였다. 결정적인 갈등은 7월에 벌어졌다. '1년 계약직 신규 채용'이라는 개발원 측의 협상안을 놓고 서울일반노조와 개발원분회가 맞서게 된 것이다.

그동안 '전원 일괄 복직'과 '완전 고용 보장'을 요구해온 분회 조합원들은, 해고 직후 개발원 측의 제안에서 별반 나아진 게 없는 협상안을 도저히 받아들일 수 없었다. 하지만 서울일반노조는 현실적인 투쟁 역량 문제와 현장 복귀의 중요성을 강조하며 합의를 역설했다. 봉혜영 씨는 그 과정에서 민주적인 논의가 이뤄지지 못했다고 주장했다. 하지만 서울일반노조는 "투쟁 종료 찬반 투표" 결과를 근거로 '투쟁 종료'를 결정했다. 그리고 그것에 동의한 5명의 분회 조합원은 2013년 8월 신규 채용을 통해 개별적으로 개발원에 입사했다.

남은 3명의 조합원들은 그들의 뜻을 지지하는 '한국보건복지정보개발원 투쟁승리를 위한 공동대책위원회'(이하 공대위)를 만들어 투쟁을 계속했다. 그리고 2014년 12월 지금 남아 있는 사람은 2명으로 줄었고, 외부에서 투쟁 활동을 하는 사람은 오직 봉혜영 씨 혼자만 남았다.

"현장으로 못 돌아가더라도
패배했다고 생각 안 해요"

2013년 11월에는 경찰에 연행되신 적도 있었네요. 문형표 당시 보건복지부 장관 내정자를 만나려다 그렇게 되셨다던데.

"복지부에 민원을 제기하러 갔는데 회전문에서 막혀갖고, 들어가지도 못했는데 연행됐죠. 공동거주침입죄, 업무방해죄, 폭행죄까지. 제가 연행되는 과정에서 여경의 멱살을 잡았다고 그러더라고요. 멱살을 쥐고 흔들었다고 걔네가 기소했어요. 약식명령으로 벌금 500만 원이 나왔는데 저희가 정식재판을 청구해서 아직도 재판을 받고 있어요. 1심 판결에서 벌금을 10원도 안 깎아줬어요. 그래서 항소를 준비하고 있어요."

문형표 장관 취임 이후에 원희목 현 개발원 원장이 부임했는데, 또 '낙하산'이라는 비판이 있었습니다(이봉화 전 원장도 부임 당시 낙하산 논란을 불러일으켰다. 그는 이명박 정권 때인 2008년 쌀 직불금 부정수령 논란으로 보건복지부 차관 자리에서 물러난 뒤 2010년 개발원 초대 원장으로 부임했다).

"2013년 12월 원희목 원장이 부임해서 제일 먼저 한 일이, 중

투쟁 700일, 매일 1인시위를 하는 사람

봉혜영 씨가 자신이 한때 근무했던 건물인
서울 충무로 남산스퀘어를 바라보고 있다.

사진 - 최규화

구청에 전화해서 (노동조합이 붙여놓은) '불법 현수막'을 철거하도록 한 거예요. 지금 현수막 숨바꼭질만 20여 차례 했어요. 떼어가고 다시 붙이고, 떼어가고 다시 붙이고. 그래서 지금은 작은 '소원 천'에 써서 붙여놨어요. 그럼 철거하기도 힘들고 (만드는) 가격도 싸잖아요. 원희목 원장 부임 뒤에 집 앞에 가서 기자회견도 하고 피켓시위도 했어요.

그러면서 물꼬가 트일 거라고 생각했는데, 전(이봉화 전 원장 재임 당시)에는 모르쇠로 일관을 하다가 탄압이 시작된 거죠. 고소고발 건 때문에 또 재판이 진행 중이에요. 2014년 1월 시무식장에서 항의 투쟁한 것, 2월에 두 차례 교섭하고 임원실에 들어가고 복도에 서 있던 것 등, 다 채증해갖고 업무방해, 거주침입, 명예훼손 같은 걸로 걸었어요."

그사이에 교섭은 간간이 있었나봐요.

"5월에 비공식적으로 요청이 와서 대화 자리가 만들어졌어요. 날짜와 시간까지 다 잡았는데, 가는 길에 회사에 급한 일이 생겼다고 취소했다는 거예요. 그 다음주에, 대화를 하는 동안에는 집회도 하지 말고 현수막도 달지 말고, 일절 아무것도 하지 말라는 거예요. 그것을 전제조건으로 대화를 하겠다는 거예요.

그럴 수 없다고 했더니 다다음날 법원에 접근금지, 업무방해 및 명예훼손 금지 가처분신청을 내놨더라고요. 그거 관련해서도 10월에 재판했어요. 거기 보면 '부당해고', '낙하산 인사', '노동자 탄압' 이런 몇몇 말들을 쓸 때마다 100만 원씩 달라고 해놨어요.

그리고 남산스퀘어 빌딩 100미터 안 접근 금지."

이제 투쟁하는 사람은 혼자입니다. 그런 데서 오는 외로움 같은 건 없으세요?

"하루하루가 바쁘고 정신이 없어서 혼자라는 외로움을 느끼지 못해요. 하지만 어느 순간은 저도 모르게 눈물이 뚝뚝 날 때가 있어요. 되게 사소한 건데, 1인시위할 때 누군가 와서 수고한다는 말 한마디 하면 갑자기 눈물이 날 때도 있고, 회사로 돌아간 동료들이 (1인시위하는 저를) 외면하고 들어가는 걸 보면 또 감정이⋯⋯

아침에 나올 때는 나오기 싫은 날도 되게 많아요, 정말로. 그래도 나와서 찬바람 쌩쌩 맞으면 열심히 해야겠다고 생각하고 그래요. '내가 이렇게 힘든데 지네들은 편하겠어?' 하고 긍정적으로 생각해요. 처음 재판 나가게 됐을 때 막막하고 도망치고 싶었는데, 사 측이 재판을 걸 만큼 나를 신경 쓰고 있다고 긍정적으로 또 받아들였죠. 그러다가 어느 날은 또 아니기도 하고 오락가락해요."

어느덧 투쟁 700일을 바라보고 있는데요, 싸움이 길어질수록 쫓기는 마음도 들었을 것 같아요.

"제가 요즘 노동계에서 제일 불만이 뭐냐면, 원하던 것만큼 얻지 못하고 투쟁을 접고 회사로 들어간 사람들이, 거기에 대한 경과나 입장을 절대 이야기하지 않아요. 인정을 하는 순간 그게 또 다른 계기가 되고 타인에게 선례가 된다고 생각하거든요. 저는 그건 반드시 하고 가려고요. 현장으로 못 들어가고 투쟁을 접더라도 저는 제가 패배했다고 생각 안 해요. 어떤 결과물을, 완성된 작품처럼 만들어야 한다는 강박에서 벗어나려고요. 제가 할 수 있는 모든 것을 다 쥐어짜서 했기 때문에, 패배했다고 생각하지 않아요."

봉혜영 씨는 월화수목금 매일같이 출근 1인시위를 한다. 화요일과 목요일에는 퇴근 1인시위도 하고, 수요일 저녁에는 집회도 한다. 그는 지금까지 개인적인 이유로는 단 한 번도 출근 1인시위를 빠져본 적이 없다. 재판에 나가거나 지방으로 연대투쟁을 가는 날을 빼고는. 주위 사람들한테서 '독하다'는 말을 듣는 봉혜영 씨지만 그의 마음 여기저기에는 다른 감정들이 있다는 게 느껴졌다.

현실적인 질문을 했다. 월급을 못 받은 지 2년이 다 돼가는데 생계 문제는 어떻게 해결하고 있냐고. "돈을 안 쓰는 방향으로 해결하고 있다"며 웃으면서, 재정 사업으로 작년에는 립밤을 팔았고 올해는 비누와 천연 에코백을 팔고 있다고 했다. 작년에는 사회적파업연대기금의 도움도 받았다고 한다. 하지만 재판비용과 벌금이 큰 걱정이다. "법원에서 벌금 대신 차라리 집행유예를 때려주면 좋겠다"고 씁쓸하게 웃었다.

아침저녁 출퇴근 1인시위와 집회 일정을 제외하면 그의 일정은 대부분 다른 노동자의 싸움에 '연대'하는 것으로 채워진다. 그중에서도 특히 '여전히 싸우고 있는' 재능교육 노동자들이 눈에 밟힌다고 했다. 봉혜영 씨가 예전에 학습지 교사로 5년이나 일했기 때문이기도 하고, 농성장을 주로 혼자 지키는 유명자 전 지부장과 비슷한 처지라는 '동병상련'의 마음 때문이기도 할 것 같다(2015년 9월 11일 재능교육과 해고자 유명자·박경선 씨는 해고 2822일 만에 복직에 합의했다.).

인터뷰를 하는 순간에도 봉혜영 씨는 연대를 하고 있었다. 바로 세월호 참사 진상규명을 위한 하루 동조단식에 함께하고 있던 것. 그러면서 그날 아침 1인시위 현장에서 만난 사람들이 생각났다. 그곳에는 건물 앞 인도에서 피켓을 들고 있던 한 충무로 인쇄 노동자, 시위 시간에 늦었다고 미안해하면서 피켓을 들고 있던 대학생. 그렇게 돌고 도는 '연대'가 봉혜영 씨의 외로운 싸움을 지금까지 지켜온 것 아닐까.

"모든 분들한테 순위를 정할 수 없을 만큼 정말 감사해요. 그런데 제가 받은 것만큼 고스란히 돌려주지 못할 것 같아요. 하지만 그들이 아닌 다른 사람들한테 갚고, 그게 계속 확장되면 결국 우리가 원하는 새로운 세상을 만들지 않을까 생각해요."

후기

그날은 참 추웠다. 지금도 그날을 생각하면 제일 먼저 떠오르는 것이 추위다. 약속시간보다 일찍 도착해서 지하철역 안 벤치에 앉아 있었다. 보통 인터뷰를 하기 전에는 '오늘 인터뷰는 잘되려나' 하고 기분 좋은(?) 긴장을 하고 인터뷰 진행에 집중하기 마련인데, 그날은 그런 긴장을 느끼지 못할 정도로 추웠다.

추위와 함께 생각나는 건 한국보건복지정보개발원이 입주해 있는 남산스퀘어빌딩의 보안 담당 직원이다. 1인시위 중인 봉혜영 씨 모습을 사진으로 찍고 있는데, 다짜고짜 "남의 회사 건물을 자꾸 그렇게 찍으면 어떡하냐"면서 "적당히 좀 하고 가시라"고 역정을 내는 거였다. 사실 노동자들의 투쟁 현장을 취재하다 보면 경찰이나 회사 측과 말다툼 정도는 흔하게 겪는다. 폭력을 써서 취재를 방해하는 경우도 워낙 많으니까.

입씨름을 별로 좋아하지 않는 내 성격대로라면 "예~ 예~" 하고 어물쩍 넘겼겠지만, 그날은 날이 너무 추워서 그랬을까, 나도 참지 못하고 이유를 따졌다. 그랬더니 직원의 대답이 "사유지이기 때문"이라는 거였다. 내가 "사유지에서는 취재 못하는 거냐"며 "이건 취재 방해"라고 따지자, 직원은 "젊은 사람이 말을 참 예쁘게(?) 한다"고 이기죽거리더니 "취재 방해든 뭐든 마음대로 해보라"는 말을 남기고 건물 안으로 사라졌다.

얼마나 확신을 가지고 한 말인지는 모르겠지만 '사유지라서 취재가 안 된다'는 말, 참 오랫동안 기억에 남는 말이었다. 돈을

'사유'하고 권력을 '사유'한 사람들에게 자본주의 사회란 얼마나 살기 좋은 곳일까 생각해봤다. "여긴 내 사유지야!", "이건 내 사유재산이야!"라는 말로, 돈도 권력도 사유하지 못한 숱한 사람들을 지레 포기하게 만들고 손쉽게 고개 숙이게 만드는 사회. 공공의 이익과 정의에 기반한 '감시받는 권력'을 세우는 것이 왜 중요한지, 그날 아침 짧은 실랑이 속에서도 새삼 느낄 수 있었다.

현장에서 인터뷰를 진행하다보면 '예상'이라는 것이 참 쓸모없다는 걸 느낄 때가 많다. 그리고 기자가 예상한 결과를 이끌어내기 위해 인터뷰를 '몰아가고' 싶다는 유혹에 흔들릴 때도 많다. 이번 인터뷰도 그랬다. 콜센터 노동자 하면, 감정노동이라는 말이 따라온다. 특히 기사의 제목으로 뽑기 좋을 만한 '빡센' 감정노동 사례 한두 개쯤은 나올 거라고 생각했고, 어떻게든 좀 나와주면 좋겠다는 바람을 버릴 수가 없었다.

뜻밖에 '고객에 대한 감정노동 때문에 생기는 문제는 많지 않다'는 대답을 들었을 때, 머릿속이 복잡했다. 여기서 더 파고들어가야 하나, 그냥 이 부분은 접고 넘어가야 하나. 주변에서 들은 사례라도 말해달라는 얘기가 턱까지 올라왔을 때, '내가 참 못된 기자가 다 됐구나' 하는 생각이 들어서 포기했다. 사람이 하고 싶어하는 말을 먼저 들어주지 못하고 '팔아먹기' 좋은 자극적인 말들만 '뽑아내려' 하는 기자들의 못된 버릇. 들을 준비를 하고 사람의 이야기를 듣다보면 진짜 기사로 써야 할 말들이 자연스럽게 나오게 돼 있다.

인터뷰 이후에도 봉혜영 씨의 투쟁은 줄기차게 계속됐다.

2015년 3월, 그녀의 출근투쟁은 800일째를 넘어섰다. 설 명절을 앞둔 2월 16일과 17일에는 원희목 한국보건복지정보개발원 원장의 집 앞에서 1박 2일간 집회를 하기도 했다. 투쟁이 계속되고 있다는 소식만으로도 반갑고 고마웠지만, 원희목 원장은 여전히 묵묵부답이고 원직복직의 꿈은 아직도 멀게 느껴진다. 하지만 그보다 더 속상한 소식은 따로 있다. 봉혜영 씨가 분회장으로 있는 한국보건복지정보개발원분회에 대해 상급단체인 서울일반노조가 '해산' 통보를 한 것이다.

봉혜영 씨에게 분회 해산을 통보한 것은 2014년 12월 3일. 해산의 이유는 대표적으로 '중앙운영위에 몇 달이나 불참한 것'과 '본조(서울일반노조) 지침에 따른 활동이 전혀 없다는 것'이라고 했다. 사실 11월 인터뷰 당시에도 봉혜영 씨는 서울일반노조와 겪은 갈등에 대해 긴 시간 동안 이야기했다. 봉혜영 씨 역시 자신의 페이스북에 "상급단체의 문제를 자유롭게 거론하기 어렵고 적들에게 너무 창피하기도 했기 때문"이라고 밝힌 적이 있듯이, 내 고민도 비슷했다. 지금 이 순간도 그 이야기를 어디까지 전해야 할지, 고민은 여전하다.

어느 한쪽 편을 들고 싶은 마음은 전혀 없다. 덩달아 욕 한마디 거드는 것으로 해결할 수 있는 문제가 아니다. 그렇다고 갈등의 전말을 객관적으로 하나하나 보여주는 것도 이 지면에서 해야 할 일은 아니다. 다만 잊히지 않고 자꾸 떠오르는 말은 하나 있다. "정말 썩어빠진 운동판…… 분노를 넘어 죽어버리고 싶다." 분회 해산 통보 이후 봉혜영 씨가 페이스북에 남긴 말이다.

어쩌다 여기까지 와버렸을까. 괜히 국어사전을 꺼내 '연대(連帶)'라는 말을 찾아본다. "한 덩어리로 서로 연결되어 있음." 고작 이 다섯 마디가, 너무 아프다.

다섯 번째 이야기

그들의
조용한 꿈

대리운전 노동자 최장윤 씨

기록 최규화

내가 대리운전 노동자의 삶을 가장 가까이서 본 것은 7~8년쯤 전, 출판사 편집자로 막 사회생활을 시작한 20대 후반 때였다. 나보다 한 살 많은 선배와 같이 자취를 했는데, 그 선배가 대리 운전 일을 하고 있었다. 20대 초반에 공익근무를 하며 만난 선배는 나한테 운전을 처음 가르쳐준 사람이었다. 선배는 대학을 가지 않고 이런저런 일을 하면서 줄곧 대리운전 일을 '투잡'으로, 때로는 전업으로 해왔다.

나랑 같이 살던 시절에는 대리운전 일만 하고 있었는데, 몇 달을 같이 살았지만 얼굴 한 번 제대로 본 날이 없었다. 내가 출근한 뒤에 선배가 들어오고, 내가 퇴근해 들어오기 전에 선배는 늘 집을 나섰다. 한번은 퇴근하고 집에 들어왔는데 신발장에 흰 봉투가 하나 놓여 있었다. 안에 든 것은 돈 20만 원과 '고기 한

번 못 사줘서 미안하다'는 선배의 쪽지였다. 그 큰돈을 용돈으로 덜컥 줄 정도로 벌이가 좋았는지 어땠는지는 모르겠지만, 그 돈을 벌기 위해 밤을 새워 일하는 선배의 고단함은 전해지는 것 같았다.

그 뒤로 지금까지도, 시내 유흥가 한쪽에서 작은 보조가방을 한쪽으로 멘 사람들이 모여서 담배를 피우는 것을 보거나, 늦은 밤 버스에서 양손에 휴대전화를 들고 계속 '콜'을 확인하는 사람들을 보면 그 선배 생각이 났다. 우리가 농담으로 "안 되면 대리운전이나 하지 뭐" 하고 말하는 일. "대리운전이나"라는 가벼운 말로 지나가버리는 그들의 일과 삶이 궁금했다.

2015년 1월 28일, 대리운전 노동자를 만나러 전북 전주로 갔다. 원래는 연말쯤에 계획한 인터뷰였는데, 연말연시는 송년회다 신년회다 해서 대리운전 노동자들이 가장 바쁠 때라서 한 달을 미룬 것이었다. 전국대리운전노동조합 전북지역지부 사무실에서 만난 조합원 최장윤(55, 남) 씨. 10년째 대리운전을 하고 있다는 그는 얼마 전까지 지부의 수석부위원장이었다. 그날도 새벽 5시 반까지 일을 했다면서 점심 때로 약속된 인터뷰에 늦을까봐 알람을 3개나 맞춰놓고 잤다며 허허 웃었다.

낮과 밤이 바뀐 생활이라 힘드시겠어요.

"이렇게 생활한 지 벌써 10여 년 됐어요. 처음 3, 4년은 무지무지하게 힘들었어요. 그 뒤에는 몸이 적응을 해서 좀 괜찮았고요. 대리운전 입문하는 사람들이 다 장기적인 직업으로 생각하지 않고 몇 개월 생계를 해결하기 위해서 접근해요. 그런데 낮에는 잠을 자고 밤에만 일을 하다보니 사회생활하고 동떨어진 생활을 하는 거죠. 친구고 지인이고 다 떨어져나가요. 새로운 일을 알아보고 할 기회가 없어요.

그렇게 대리운전이 본업이 돼가고, '투잡'을 해도 대리운전 일을 끊지를 못해요. 시작한 지 6개월이 지나고 나면 대리운전의 그림자 속에 산다고 봐야 돼요. 그전에 이직을 한다면 모를까. 저 역시 그런 부류죠. 늘 '때려치워야지' 생각하면서도. 그리고 이 지역에는 하루에 여덟 시간에서 열 시간 정도 일해서 한달에 150만 원 받을 수 있는 직장이 거의 없어요. 직업을 전환하기가 더더욱 힘들어지는 거죠."

국토교통부 자료에는 대리운전 노동자 수입이 월 200만 원
선이라 돼 있던데, 실제로는 어떤가요?

"전업 기사들은 하루에 9만 원 정도는 벌어요. 오후 6시 반쯤 시작해서 다음날 새벽 네다섯 시까지. 한 달에 하루도 안 쉬고 일해야 270만 원이에요. 보통 이틀 쉬니까 250만 원쯤 되겠죠. 보험료 11만 원에 프로그램 사용료 5만 원, 핸드폰 2개 통신비 15만 원, 교통비에 핸드폰 할부금 또 나가면 200만 원이 안 돼요. 그걸로는 힘들어서 저는 낮에 알바를 또 해요. 농협 문서배송 운전만 해주고 하루에 4만 5,000원 버는데, 한 달에 열흘 정도 일이 있어요. 밤에 대리운전하고 낮에 자야 되는데 알바하는 날은 거의 못 자죠."

전북 지역 대리운전 업체 수수료가 특히 높다고 들었습니다.

"수수료가 엄청나죠. 콜(소비자가 대리운전을 요청하는 것) 프로그램 사용료도 매달 프로그램 하나당 1만 5,000원 정도 걸으면 1만 원 정도는 프로그램 개발 업체한테 주고 나머지는 대리운전 업체가 챙겨요. 대리운전 광고에서는 '전 직원 보험 가입'이라고 하지만 대리운전 보험도 자기네들이 정한 보험사에서 리베이트를 받고, 그 보험만 가입하게 해요.

A업체가 정한 보험으로는 B업체 콜을 못 받아요. B업체 콜을 받으려면 B업체가 정한 보험에 또 들어야 해요. 많게는 3개씩 보험을 들이야 되는데, 하나에 월 5만 5,000원 정도니까 보험료만 한 달에 16만 5,000원이죠. 기사 한 사람이 보험에 가입하면, 업체에 한 달에 2만 원쯤 수익이 생기는 거예요. 대리운전 콜을 열심히 유치하기보다는 그런 식으로 기사들 주머니를 털어서 이익을 남겨요.

한 달쯤 전에 업체 측 사람을 만났는데 그 사람이 '양심에 찔리는 게 하나 있다. 우리 업체들끼리 싸우다가(경쟁하다가) 당신네들 보험을 이중삼중 들게 한 것은 미안하다' 그래요. 예전에 비해 보험사 리베이트가 줄어든 건 사실이에요. 이제 리베이트가 목적이 아니라 기사들에 대한 관리권한을 놓치고 싶지 않은 거죠. 경쟁하는 다른 업체 콜을 못 받게 하려고."

전북 전주시에 있는 전국대리운전노동조합 전북지역지부 사무실.

사진 - 최규화

노동조합 만들 때는 '개인사업자',
보험 가입할 때는 '직원'

대리운전 업계의 시장 규모는 연 3조 원대. 등록 업체만 해도 7,000여 개에 이르고, 전국에 약 15만 명의 노동자들이 일하고 있다. 국토교통부의 2014년 조사 결과 대리운전 노동자들의 월 수입은 평균 200만 원, 민주노총의 조사 결과는 평균 140만 원이다. 법적으로 이들은 대리운전 업체에 소속된 '노동자'가 아닌 '개인사업자'다. 퀵서비스 기사나 레미콘 운전자들처럼 이른바 '특수고용노동자'인 것이다. 그 때문에 대리운전노조 전북지부 역시 법적인 지위를 가진 노동조합이 아니다.

전북 지역에는 약 800개의 대리운전 업체와 1,800여 명의 대리운전 노동자가 있다. 이들이 가장 부당하게 생각하는 것은 전국 최고 수준의 수수료율이다. 전국 평균인 20퍼센트를 훌쩍 넘는 군산 37.5퍼센트, 익산 31.5퍼센트, 전주 30퍼센트의 수수료율. 소비자가 대리운전 요금 만 원을 내면 3,000원(전주)에서 3,750원(군산)까지 대리운전 업체가 가져가는 식이다. 업체들이 수익을 올리는 방법은 여러 가지다. 대표적인 것이 '단체보험' 강요. 노동자들은 업체마다 다른 보험을 몇 개씩 들어야 한다.

그런데 이게 참 아이러니한 일이다. 법적으로 자영업자인 '기사'들은 개인사업자 자격으로 대리운전자 보험을 들 수 있다. 하지만 그들은 대리운전 업체를 통해 '자동차운전 보험'이 아닌 '자동차 취급업자 보험'을 들어야만 하는 게 현실이다. 자동차 취급업자 보험은 세차장, 자동차 정비업소 등 차량을 취급하는 업체를 대상으로 하는 보험이다. 보험에서는 대리운전 업체를 자동차 취급업자로 보고 '기사'를 대리운전 업체에 소속된 직원으로 보는 것이다. 보험금 수령 계좌 역시 대리운전 업체로 돼 있다.

대리운전 노동자들이 '우리는 대리운전 업체의 관리감독과 지휘를 받는 노동자다'라고 노동자성을 인정해달라고 할 때, 대리운전 업체들은 '너희는 노동자가 아니라 개인사업자'라고 못 박는다. 하지만 보험은 회사와 노동자 사이에서 적용되는 단체보험만을 강요하고 있다. 이것을 누가 편법이 아니라고 말할 수 있을까.

이 같은 보험료 '횡령'은 전국적인 현상이다. 2007년 대구, 2008년 부산에서 보험사와 대리운전 업체가 손을 잡고 보험금을 횡령한 사건이 드러나 노동자들이 고소를 하기도 했고, 전북의 한 업체는 아예 보험에 가입하지도 않은 채 기사들이 낸 보험료를 그대로 횡령하기도 했다. 하지만 대리운전업이라는 업종을 관할하는 정부 부처가 없기 때문에 불공정 관행에 대한 제재 또한 거의 이뤄지지 않고 있다. 2013년 6월 공정거래위원회가 경남 지역 일부 업체에 대해 벌금을 부과한 것이 손에 꼽을 만한 사례다.

대리운전 노동자들의 복귀를 위한 '픽업' 차량 수도 다른 지역과 차이가 크던데요.

전국대리운전노동조합 전북지역지부 사무실에 걸려 있는 펼침막.

사진 - 최규화

"대구에는 60대 넘게 있어요. 어디를 가더라도 돌아오는 차가 있어요. 전주는 딱 한 대. 사실상 이용할 수 없다고 봐야죠. 외지 나갔다가 돌아올 때는 길거리에서 히치하이킹도 하고, 갈데 없으니까 파출소도 가고 그래요. 밤새우고 버스 다닐 때까지 기다렸다가 타고 오기도 하고, 피시방이나 찜질방이 있으면 그리로 가죠."

돌아오기 힘들 정도로 먼 곳이면 그런 콜은 받지 않아도 되는 것 아닌가요?

"그래서 도착지를 공개해야 된다는 거예요. 콜이 뜨면 서울이면 서울, 시내면 시내, 이렇게만 떠요. 내부에는 무슨 동이라고 나오는데, 그걸 보려고 눌러서 들어가보고 너무 멀어서 안 가겠다고 취소하면 배차 취소 벌금 1,000원을 내야 돼요. 같은 전주 시내라도 택시 타면 6,000원, 7,000원 나오는 데도 있어요. 손님한테 만 원 받으면 회사가 3,000원 떼어가고, 택시 타고 돌아오면 뭐가 남아요? 지금은 대전 지역 업체들만 도착지를 공개해요. 도착지를 공개 안 할 거면 픽업 차량을 늘려서 어디를 가도 돌아올 수 있게 해줘야죠."

벌금 같은 걸로 직접 대리운전 노동자들을 관리하기도 하는군요.

"락(lock, 배차 지연 또는 금지)이라는 것도 있어요. 업체에 밉보이거나 하면 콜을 안 주고, 몇 초 늦게 주는 거예요. 자기 업체 콜을 많이 탄 사람만 콜을 잡을 수 있게 락이나 점수 같은 걸로 관리를 하는 거죠. 그 업체 콜을 많이 타는 만큼 점수가 쌓여요. 그러면 콜이 더 잘 들어와요. 그래서 기사들이 콜을 기다리지 못하고 콜이 많이 잡히는 위치로 택시를 타고 다니는 거예요. 하루에 택시를 한두 번 정도 타면 정상인데, 택시를 예닐곱 번 타게 되는 거예요. 택시비만 2만 원, 3만 원씩 쓰면서.

손님들한테 항의도 많아요. 기사가 도착했는데 손님이 술자리에서 작별인사라도 하려고 하면 '손님 빨리 좀 타세요!' 하게 되는 거죠. 손님 타면 신호고 뭐고 무시하고 (액셀러레이터를) 밟을 수 있는 만큼 밟는 거죠. 그래서 '나 앞으로 대리운전 안 시켜!' 하는 손님들이 많았어요.

콜을 남들보다 빨리 잡을 수 있게 하는 프로그램도 팔아먹어요. '불플(불법프로그램)'이라는 건데, 한 달에 20만 원씩 200명한테만 영업을 해요. 제가 이걸 5년쯤 전에 경찰에 고발했는데, 저는 이해당사자가 아니라서 안 된대요. 계약한 대리운전 업체나 프로그램 개발사가 아니면 문제 제기할 수 없다고 해서 반려된 거죠. 하지만 그때 기사들의 비판 여론이 들끓는 걸 보고 노동조합을 만들어야겠다고 접근하기 시작했죠."

최장윤 씨가 전북 지역에 대리운전 노동조합을 만들어야겠다고 생각한 것은 2009년. 대리운전 일을 한 지 5년 정도 된 때였다. 하지만 그때는 동료들 사이에서 '인지도'가 부족했다. 인지도가 높은 사람들과 함께 노동조합을 만들려 했지만, 노동조합을 자신의 입지 강화에 악용하려는 사람들이 있어서 포기했다.

그러고 나서 혼자 힘으로 사람들을 모으려고 온라인 대리기사 카페 활동, 오프라인 활동 등을 열심히 시작했다.

본격적인 준비가 시작된 것은 2013년. 7명이 매달 하루씩을 '봉사활동하는 날'로 이름 붙이고, 그날 번 돈을 노동조합 준비 기금으로 모았다. 1년 동안 모은 돈으로 2014년 4월 28일 새벽 1시 30분 전주 중산공원에서 첫 궐기대회를 열었다. 새벽 1시에서 3시 사이에 일을 마치는 이들이 많기 때문에 한밤중에 모인 것이다. 200여 명의 대리운전 노동자들이 모여 처음으로 구호도 외쳤고, 그 자리에서 노동조합 추진도 선언했다. 보름 뒤인 5월 13일, 70여 명의 노동자들이 모여 전국대리운전노동조합 전북지부를 설립했다.

지부장과 사무국장은 믿을 만한 다른 사람에게 맡기고 최장윤 씨는 수석부지부장 역할을 맡았다. 노동조합을 만들고 5일 뒤인 5월 17일과 18일 이틀 동안 첫 파업까지 했다. 첫 궐기대회 이후로 20여 일 만에 노동조합 설립과 파업까지 일사천리로 진행된 것이다. 최장윤 씨는 그동안 업계의 불공정한 관행 때문에 쌓여온 불만들이 너무 커서 파업으로 갈 수밖에 없는 뜨거운 현장의 여론이 있었기 때문이라고 설명했다.

억울한 해고와 지루한 법정 싸움

그런데 궁금한 것이 남는다. 최장윤 씨는 왜 자기가 '총대'를 메고 노동조합을 추진한 걸까. 자신은 '성격 탓'이라고 대답했지만, 그것을 이해하기 위해서는 최장윤 씨가 살아온 이력을 들어봐야 했다. 1989년 그는 경기도 용인에 있는 재벌그룹 계열의 목재회사 공장에 들어갔다. 공장은 임금인상 문제로 시끄러웠다. 결국 '6만 5,000원 일괄 인상'을 하기로 했지만, 회사는 최장윤 씨를 비롯한 신입사원들에게는 임금을 차등 인상했다.

문제가 있다 생각하면 참지 못하는 '성격 탓'에, 최장윤 씨는 노동조합과 회사, 서울에 있는 야당 국회의원 사무실까지 찾아가서 따졌다. 그 뒤로 최장윤 씨는 노동조합과 회사에 '찍히고' 말았고, 입사 1년이 채 되기 전에 전북 군산에 있는 원목장으로 쫓겨났다. "한 번 세상을 삐딱하게 보다보니 세상이 다 삐딱해 보이더라"고, 그곳에서도 최장윤 씨는 자기 목소리를 내는 것을 주저하지 않았다. 식대도 안 나오는 토요일 초과 근무를 거부해서 또 징계를 받았고, 군산에서도 1년을 못 채우고 다시 부산으로 발령이 났다.

거기서부터 노동운동을 하신 거군요?

"직원들이 나랑 밥을 같이 안 먹어요. 회사에서 '왕따'를 시키라고 해둔 거예요. 원목장이 시내에서 5킬로미터 넘게 떨어져 있는데, 짜장면도 한 그릇은 배달 안 해주잖아요. 쫄쫄 굶고 생활했어요. 너무 힘들어서 3개월만 해보고 사표 쓰겠다고 생각했어요. 그런데 그렇게 생각하니 못할 게 없더라고요. 회사의 잘못된 것을 계속 지적했죠. 그래서 또 부산으로 옮긴 지 3개월도 안 됐는데 이번엔 인천으로 가라고 했어요.

그래서 '나는 이 회사에 미련 없다. 이런 상식도 없는 인사발령을 기획한 놈이 누군지 알려주면 그놈한테 내가 하고 싶은 일다 하고 알아서 그만둘 거다' 하고 흥분해서 따졌죠. 그랬더니 회사가 '없던 일로 할 테니 열심히 일하세요' 그랬어요. 그때 눈물도 많이 흘렸어요. 그러고 나니까 동료들도 같이 밥도 먹어주고 하더라고요. 그러면서 동료들이 추대해서 처음으로 노동조합 대의원도 하고 임단협 교섭위원도 했어요."

노동조합에서 더 높은(?) 자리는 안 맡으셨나요?

"전에 노동조합 위원장 한 친구가 저처럼 부산으로 쫓겨났어요. 그 친구가 노동조합 선거에 다시 나가겠다고. 같이하자고 그래서 못하겠다 그랬어요. 그런데 '민주파에서 아무도 출마를 못하면 어용이 판을 칠 텐데, 좀 하자' 하면서 계속 설득했어요. 겨우 러닝메이트 구성해놓으면 회사에서 협박 전화 한 통 해가지고 깨져버리고, 깨져버리고 하던 때예요. 얼마나 설득하는지 결국 엮여서 노동조합 부위원장까지 하게 됐죠."

그 회사는 어떻게 그만두게 되신 건가요?

"IMF 맞고 1998년에 회사가 울산 합판공장을 정리하겠다고 했어요. 회사는 '노동조합이 막가파로 반대하고 있다'고 현장에 소문을 냈어요. (조합원을) 한 명씩 만나서 '너는 전환 배치 대상이다. 빨리 협상만 되면 너는 전환 배치된다' 그러면서. 그러니

2015년 1월 28일 전국대리운전노동조합
전북지역지부 사무실에서 만난 조합원 최장윤 씨.

사진 - 최규화

노동조합에 반대하는 사람이 생겨났죠. 아침 8시 반만 되면 어용들이 주도해서, 노동조합 반대 데모를 해요. 우르르 찾아와서 멱살도 잡고.

여론도 우리 편이 아니라고 판단해서 노동조합 지도부가 사임하기로 했죠. 공장 앞에서 사임하겠다는 유인물을 뿌리고 있었는데, 어용 중에 제 멱살을 잡았던 놈을 보니까 화가 치미는 거예요. '멱살 잡고 한 거 사과해. 나 그만두기로 했으니까' 그러니까 그놈이 덤벼서 저도 멱살을 잡았어요. 그걸 빌미로 회사가 저를 해고했어요. 치고 패고 싸운 것도 아니고, 의사 소견서가 딱 1주일 나왔어요. 해고 사유가 될 수가 없어요."

그때가 얼마나 힘들었는지, 최장윤 씨는 "길거리에 사고 나 있는 차들을 보면 '아 누가 와서 나 좀 차로 받지. 나도 저렇게 받혀가지고 좀 쉬면 좋겠다' 그런 생각만 했어요"라고 그때를 기억했다. 해고된 뒤에는 바로 고향인 전주로 와버렸다. 하지만 법정 싸움은 계속했다. 변호사도 금방 이길 거라고 얘기했는데, 뜻밖에 1심에서 패소했다. 부산고등법원에서 한 2심 역시 패소.

대법원에 다시 항소하기 위해 변호사를 찾아갔지만, 변호사는 이길 수 없는 싸움이라며 맡지 않으려 했다. '정 하고 싶으면 혼자라도 해보라'는 말에 최장윤 씨는 혼자 대법원 소송을 진행했다. 말만 들어도 어려운 소송을 혼자서 하다니, 놀랍다. 처음에 최장윤 씨는 금방 복직될 거라고 생각했다. 아이들한테도 아빠가 해고됐다는 것을 알리고 싶지 않아서, 아침에 출근하는 척

나갔다가 아이들이 유치원에 가면 그때 다시 들어오거나 신발을 감춰놓고 다른 방에 숨어 있곤 했다.

하지만 대법원 재판 역시 '패소'로 마무리됐다. 억울한 해고와 지루한 법정 싸움, 그리고 패소라는 허무한 결과는 최장윤 씨에게서 소중한 일터와 함께 행복한 가정까지 빼앗아갔다. 2000년 아내와 합의 이혼. 아홉 살 딸과 여덟 살 아들은 그때부터 최장윤 씨가 혼자 맡아서 키우게 됐다.

"딸은 가장 큰 후원자"

회사로 복직하지 못하게 돼서, 생계 때문에 대리운전을 시작하신 거군요.

"할 게 없었어요. 2005년쯤 다마스를 사가지고 화물 퀵서비스를 했어요. 처음 며칠은 돈을 잘 버는 거예요. 회사가 일부러 오더(주문)를 줘요. 그런데 회사의 관리로부터 멀어지는 순간 기름값만 엄청 들고 고생만 엄청 하게 됐어요. 하루에 6만 원 벌이도 못했어요. '이래선 안 되겠다' 해서 낮에는 화물 퀵서비스를 하고 밤에는 대리운전을 하고, 1년을 했어요. 하루에 한 네 시간 자고 살았어요, 1년을.

새벽에 집에 들어가서 밥 해놓고 자고 있으면 애들이 먹고 학교 가고 그랬어요. 서로 자는 모습이나 보죠. 지금 대리운전 기사들이 대체로 다 그렇게 살아요. 아이들 얼굴 못 봐요. 한 달이면 하루나 이틀밖에 안 쉬어요. 쉬면 그만큼 돈 못 벌고, 반대로 돈을 또 쓰잖아요. 1년 동안 퀵서비스랑 대리운전 모두 하는 건 힘들었고, '대리운전 열심히 하면 퀵서비스보다는 낫겠다' 그래서 몇 백만 원 손해를 보고 차를 팔았어요."

자녀분들이 혹시 노동조합 활동하는 걸 반대하지는 않나요?

"큰 녀석은 공부를 잘했어요. 대학 4년 내내 장학금 받고 다니고 올해 졸업해요. 아들은 군대 가서 4월에 제대해요. 둘 다 대학을 보낼 수 없어서 아들한테는 '좀 이따 가라'고 했죠. 내년부터는 아들 대학 보내야죠. 작년에 파업하고 4개월 정도 하루도 일을 못했어요. 딸아이가 '아빠 내가 학자금 대출받을까? 졸업 후에 취직해서 갚으면 되니까' 그래요. '고맙다. 아빠가 갚아줄게' 그러고 500만 원 대출받아서 한 석 달 살았어요.

'노조 안 하면 안 돼?' 그런 얘기 절대 안 해요. 한번은 제가 유인물을 쓰다가 잠들었는데 다음날 보니까 딸이 수정을 해놨더라고요. '앞으로도 메일로 보내주면 내가 수정해줄게' 그래요. 저한테 가장 큰 후원자죠, 후원자. 그렇게 배가 고픈데도 아무 소리 안 하고 참아내고…… 사람은 그렇게 그렇게 다 성장이 되는 거더라고요. 그렇게 커가는 것을 모르고 살았어요."

최장윤 씨가 지난해에 4개월이나 일을 못 한 것은 첫 파업 이후 이어진 투쟁 때문이었다. 언론에 알려진 5월과 8월의 파업 이외에도 모두 여덟 차례의 산발적인 파업이 있었다. 그리고 6월

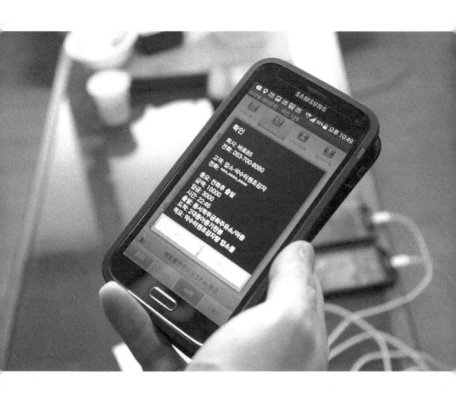

대리운전 기사들이 사용하는 콜 프로그램.
요금 1만 원 중 업체 수수료가 3,000원이다.

사진 – 최규화

대리운전 기사들이 사용하는 콜 프로그램.
도착지가 멀어서 기사들이 콜을 취소하면 배차 취소 벌금 1,000원이 징수된다.
회사에 밉보인 기사들은 '락'이라는 배차금지 조치를 당하기도 한다.

사진 - 최규화

한 달 동안 천막농성을 계속하며 노조 지도부는 삭발 투쟁까지 벌였다.

투쟁의 성과는 있었다. 노동조합 조합원 수는 240여 명으로 불어났고, 익산과 군산에 지회를 만들어내기도 했다. 대리운전 업체들과 '노사합의서'도 이끌어냈다. 전북 지역 대리운전 업계에서 1, 2위를 차지하고 있는 업체 연합과 각각 수수료 현실화, 다중보험 단일화, '락' 행위 중단, 픽업 차량 운행 마감 이후 도착지 공개, 노사협의회 구성 등에 합의했다.

하지만 "체결 익일부터 시행한다"던 약속들은 업체들의 과열 경쟁 때문에 하나하나 뒤집어져, 결국 노사합의서는 휴지조각이 되고 말았다. 노동조합 내부적으로도 조합원 수는 늘어났지만 조합비를 내는 사람의 수는 90여 명밖에 되지 않는다. 지도부들은 2014년 긴 투쟁을 해오는 동안 생업에 신경을 쓰지 못해 생활고에 시달리고 있다. 이렇게 안팎으로 녹록지 않은 상황에서 분위기를 다잡기 위해 1월 25일 총회를 열어 새 지도부를 뽑았다. 최장윤 씨도 그때 수석부위원장이라는 직함을 내려놓았다.

지금 대리운전 노동자들이 기대를 걸고 있는 것은 바로 '대리운전업법' 제정이다. 2013년에 국회에 발의된 대리운전업법(안)은 대리운전 업체와 소속 노동자들을 광역시도에 등록하게 해 관할 아래에 두고 표준약관과 표준계약서, 표준요금 등을 정해 업체 운영의 기준을 마련하는 것이 핵심이다. 그리고 대리운전 노동자의 자격과 교육의무, 보험 등에 대한 규정과 업체의 과도한 착취와 부당 경쟁에 대한 처벌 조항까지 두고 있다. 업체가 대리운전 노동자에게 부당 이득을 취할 시 최고 '등록 취소'까지 할 수 있게 한 것이다.

비슷한 특수고용노동자의 처지인 건설기계 노동자들은 2008년 공정거래위원회가 정한 '건설기계 임대차 표준약관'을 통해 최소한의 보호를 받고 있다. 건설기계 임대차 표준약관은 건설기계 가동 시간을 하루 8시간, 월 200시간으로 규정하고 대여료에 건설기계 노동자의 급여, 상각비, 정비비, 관리비 등을 포함시켰다. 임대료 지급 시기도 대여 기간이 끝난 날로부터 60일 이내로 정해뒀다.

대리운진도 법으로 표준요금을 정해놓으면, 업제 마음대로 저가 콜(일명 똥콜)을 남발해 대리운전 노동자들이 손해를 떠안아야 하는 문제를 해결할 수 있다. 또 대리운전 업체와 노동자 사이의 표준계약서를 정해둔다면, 단체보험 복수 가입이나 벌금과 락 제도, 픽업 차량 문제 등도 해결할 수 있다. 현재 대리운전업을 관할하는 정부 부처는 없다. 노동자들이 부당한 관행을 없애달라고 호소할 수 있는 '창구'조차 없는 것. 그동안 이들은 공정거래위원회 등에 호소해왔지만 소극적인 반응 앞에 실망만 거듭해왔다.

그들의 조용한 꿈

"'저런 새끼들도 데모를 해?'라고 생각하지는 말아주시길"

대리운전 노동조합을 통해서 이루고 싶은 장기적인 목표는 뭔가요?

"대리운전업법이 아직도 계류 중이에요. 우리가 기대하는 것은 어디든 대리운전업을 책임지는 정부나 지자체 부서가 생기면 앞으로는 그쪽에 책임을 물을 수 있다는 거예요. 그래서 이 법은 꼭 통과를 시켜야겠다고 생각하고 있어요. 그리고 업체들 인식을 바꾸는 것도 중요하죠. 업체 간 경쟁에서 불공정한 방식으로 한 업체를 도태시키는 일이 많거든요. 업체 간의 공정한 경쟁과 공생을 위해서도 노동조합이라는 견제 세력이 필요할 텐데, 소인배가 돼가지고 정신을 못 차리고 있는 업체들이 있어서 안타까워요."

대리운전 소비자들이나 다른 국민들에게 당부하고 싶은 것이 있다면 말씀해주세요.

"대리운전노동조합이 전국에 6개 지부가 생겼어요. 앞으로 많은 투쟁들이 일어날 거예요. 그때그때 그들이 무엇을 요구하는지 이해해주시고, 대리운전 콜센터에 '똑바로 해라' 전화 한 통만 해주셔도 큰 도움이 되죠. 노동조합이 자기 영리만 목적으로 투쟁하는 게 아니에요. 한쪽에 쏠리는 막대한 수익을 공정하게 나눠 가지고 노동자들이 느끼는 직업 만족도가 높아지면 그

것이 곧 양질의 서비스를 낳는 거거든요. 혹 투쟁에 불편을 느끼신다고 해도 '저런 새끼들도 데모를 해?'라고 생각하지는 말아주시면 좋겠어요."

마지막으로 개인적인 소망이 있다면 말씀해주세요.

"노동조합을 만들면서 솔직히 '또 내가 인생에 악수(惡手)를 두고 있구나' 이런 생각도 했어요. 하지만 이렇게 사는 게 너무 억울하니까, 대리운전 기사들이 너무 억울하니까 '그래도 해야지' 생각을 많이 해요. 2014년 9월부터 몸이 너무 안 좋아졌어요. 대리운전을 계속 할 수 있을까 싶을 정도로. 한 150미터만 걸어도 숨이 콱콱 막히고 노동조합 사무실을 3층까지 걸어서 올라오면 숨을 잘 못 쉴 정도로 안 좋아졌어요.

몸이 아프니까 신경질적이고 매사에 부정적이에요. 돌아보니까 주변 사람들 마음을 많이 다치게 했구나 싶더라고요. 나이가 들어서 그런지, 노동조합을 통해 뭘 남기고 싶다는 생각은 없어요. 제가 잊히는 사람이 된다고 해도 '이렇게 좋아진 게 다 그 사람들 덕이야' 그런 기억만 남아도 좋겠어요. 이제 곧 은퇴해야죠."

최장윤 씨는 집안 형편 때문에 초등학교밖에 졸업하지 못했다. 중학교 대신 고등공민학교를 나와 직장생활을 하면서 야학 아이들을 후원하기 시작했는데, 그러다가 '에이 그럼 나도 공부해야지' 하고 공부를 다시 시작했단다. 서른 살에 중학교 검정고

그들의 조용한 꿈

시, 서른네 살에 고등학교 검정고시에 합격했다. 은퇴를 하고 노동조합 활동도 그만둔다면 그동안 1년에 한 권도 읽기 어려웠던 책을 한 달에 두 권씩은 꼭 읽으며 지내고 싶다는 이야기를 끝으로 인터뷰는 끝났다.

오후 5시쯤이 되니 노동조합 사무실에 다른 대리운전 노동자들이 들어와 난로 곁에 앉기 시작했다. 서울로 돌아오는 버스 안에서, 최장윤 씨가 준 파업 당시 사진들을 꺼내 봤다. 노동조합 사무실 난로 곁에서 본 얼굴들도 몇 찾을 수 있었다. 그들 한 사람 한 사람은 또 어떤 내력과 희망을 품고 있을까. 사진을 한참 들여다보며 그들의 꿈을 조용히 응원했다.

후기

인터뷰를 하다가 깜짝 놀란 순간이 몇 있었다. 최장윤 씨가 이혼 이야기를 할 때가 그랬고, 초등학교밖에 졸업하지 못했다는 말을 할 때도 그랬다. 그리고 또 놀란 순간은 '대구' 이야기를 할 때였다. 대구는 내 고향이다. '지게 작대기도 새누리당 공천만 받으면 당선된다'는 말이 있을 정도로 보수적인 정치색이 강한 곳. 그런데 최장윤 씨의 말 속에 나오는 대구는 가히 '대리운전 노동자의 천국' 같았다.

대구의 대리운전 노동자들은 2007년 전국에서 처음으로 노동조합을 만들었다. 그 후 보험 중복 가입과 배차 취소 벌금 같은 부당한 관행들이 없어졌다. 2008년부터는 업체들이 복지기금으로 매년 1억 원씩 내고 있다. 시내 중심가에 대리운전 노동자 쉼터를 운영하며 음료와 간식을 무료로 제공한다. 다른 지역에서 유료로 운영되는 픽업 차량 역시 무료. 그 수도 45인승 버스가 5대, 25인승과 15인승 버스는 60대에 이른다. 다른 지역에서는 보통 픽업 차량으로 경형 승합차를 쓰지만 대구에는 45인승 대형버스도 있다.

글에는 한 번밖에 못 썼지만 최장윤 씨는 대구의 사례를 몇 번 이야기했다. 최장윤 씨는 대구가 '대리운전 노동자의 천국'이 된 까닭은 '노조가 업계의 비리를 잘 잡아내서 협상을 잘했기 때문'이라고 평가했다. 물론 그게 전부는 아니겠지. 그런 비리가 밖으로 드러날 정도로 업계의 관행에 문제도 많았을 것이고, 그

그들의 조용한 꿈

것들을 이슈로 만들고 업체들을 협상 테이블로 이끌어낸 투쟁 역시 있었을 것이다. 몇 번씩 "대구는 잘돼 있어요" 하며 이야기를 이어가던 최장윤 씨의 표정에 부러움 반 아쉬움 반 묘한 감정이 묻어 있던 것으로 기억한다.

최장윤 씨를 대리운전 판으로 이끈 것은 '해고'였다. 대리운전 노동자들 대부분이 최장윤 씨 말처럼 "몇 개월 생계를 해결"하기 위해 일을 시작한 사람들. 달리 말하면 몇 개월 생계를 해결할 일이 마땅치 않던 사람들이다. 그렇게 대리운전 일을 시작한 사람들이 대부분 그전에 하던 일과 비슷한 수준의 일자리로 돌아가지 못하고 대리운전 일에 '눌러앉게' 된다고 했다.

뉴스에서 많이 들어온 사회안전망 이야기가 생각났다. 사회에서 한 번 실패를 맛본 사람들이 다시 일어설 수 있게 도와주는 장치가 사회안전망이다. 하지만 한국의 사회안전망 수준은 형편없다. 2012년 경제협력개발기구(OECD) 통계는 현실을 잘 보여준다. 한국의 국내총생산(GDP) 대비 취업지원정책 재정투자 규모는 0.33퍼센트로, OECD 평균인 0.58퍼센트의 절반 정도다. 국내총생산이 100만 원이라면 일자리가 필요한 사람들을 위한 지원정책에 고작 3,300원밖에 안 쓴다는 얘기다.

직업훈련 공공지출 비중은 0.07퍼센트. 100만 원 중에 700원 꼴이다. OECD 평균인 0.17퍼센트의 절반도 안 된다. 실업급여는 일자리를 잃은 사람들이 다른 일자리를 구하는 동안 생계를 유지하게 한다. 한국의 실업급여 지출은 국내총생산의 0.28퍼센트로, OECD 평균인 0.56퍼센트의 딱 절반이다. OECD 국가들이 100만 원을 벌어서 평균 5,600원을 실업급여로 쓴다고 치면, 우리는 2,800원만 실업급여로 쓴다는 것이다.

경쟁은 점점 더 심해지지만 그 경쟁에서 잠시 뒤처진 사람들을 보호하는 안전망은 경쟁의 속도를 따라가지 못한다. 무상복지나 최저임금 인상, 실업급여 확대 같은 주장을 하면 늘, 노력 없이 남의 도움으로 먹고살려는 '불한당'이나 '파렴치한' 취급을 받기 일쑤다. 자본주의는 돈이 아니라 '공포'를 바탕으로 돌아간다. '경쟁에서 낙오되면 아무도 널 지켜주지 않아'라는 공포를 심어줘서, 이 무한경쟁의 쳇바퀴에서 벗어나지 못하게 하는 것. 이 나라가 복지라는 말을 무슨 병균 보듯 하는 것도 그런 까닭일 것이다.

은퇴를 생각할 정도로 건강이 나빠졌지만 병명이 뭔지 병원 한번 못 가봤다는 최장윤 씨. 이제 진찰은 제대로 받았을까? 어느덧 60을 바라보는 나이, 무엇으로 '대리'할 수 없는 그의 건강이 걱정될 따름이다.

그들의 조용한 꿈

우리의 노동은
봉사가 아니다

청주시노인전문병원 요양보호사 권옥자 씨

기록 정윤영

2015년 3월 서울시청 광장, 세계여성의날 107주년을 맞아 '3·8 전국여성노동자대회'가 열렸다. 여성 노동자들 손에는 '차별과 폭력 없는 좋은 일자리'를 요구하는 팻말이 들려 있었다. 여성의 날을 기념하는 행사에 모인 1,200여 명의 여성 노동자들은 현장에서 벌어지는 부당함에 공감하며 서로 격려하고 위로했다. 편견과 탄압을 증언하는 목소리가 끊이지 않는 가운데 권옥자(60, 민주노총공공운수노조 청주시노인전문병원 분회장) 씨를 만났다.

그녀는 모범 조직상을 받기 위해 무대 옆에서 수상을 기다리고 있었다. "우리 조합원들은 상 받을 자격 있다"며 웃는 모습이 수더분하고 푸근해 보였다. 그런 그녀가 투쟁 현장 발언을 한다고 했을 때, 저렇게 순해 보이는 사람이 하는 말이 잘 들리기나 할까 싶었지만 무대 위의 그녀는 전혀 다른 사람이 되었다. 강단 있는 눈빛과 위엄이 느껴지는 목소리로 자본의 모순을 고발하고 노동자 권리를 외쳤다. 짧은 발언에서도 얼마나 힘들게 싸우는지가 느껴졌다. 그녀의 투쟁과 노동, 내밀한 삶의 이야기를 듣기 위해 청주로 가는 고속버스에 올랐다.

끝이 나지 않는
요양보호사의 하루

그녀가 요양보호사로 일을 시작한 것은 6년 전이다. 직장에 다니다 잠시 병원 치료를 받느라 한 달 휴가를 받았는데, 그 한 달이 아까웠다. 쉬느니 요양보호 자격증이라도 따놔야겠다고 생각했다. 힘들고 스트레스가 많은 일이라고 익히 들어왔기에 처음부터 직업으로 삼을 생각은 없었다. 자격 과정이 모두 끝나고 처음으로 실습을 나갔다가 3일 만에 마음이 바뀌었다. 요양보호사가 오기만을 기다리는 어르신을 만나는 게 보람도 있었고 감동도 컸다. 다니던 직장을 그만두고 개인 간병으로 시작해 1년 뒤에 청주시 노인전문병원에 취직했다.

그녀는 일이 마음에 들었다. 고령화 사회에 가장 필요한 직업이라는 생각에 자부심이 느껴졌다. 어르신을 돌보며 생기는 보람, 동료들과 함께 일하며 생기는 끈끈함이 무엇보다 좋았다.

"힘들다는 일은 내가 다 겪었어. 남들이 기피하는 거 다 해봤는데도 이 일이 젤 힘들어. 육체적, 정신적으로 힘들어도 가슴에

우리의 노동은 봉사가 아니다

뭔가 있으면 길을 택하게 되더라고. 앞으로도 또 이 일을 할 거예요."

요양보호사의 업무는 끝없이 반복해야 하는 일들이 많다. 병원에 오는 환자들 대부분은 노인들로 중풍 등으로 거동이 어려워 누워 있어야 하는 와상 환자와 몸 한쪽을 쓰지 못하는 편마비 환자, 뇌질환을 앓는 치매 환자들이다. 보호사들은 환자들의 식사 보조, 기저귀 갈아주기, 마비되지 않게 체위 바꿔주기, 목욕시키기 등 환자들의 모든 움직임과 생활 전반을 보살핀다.

24시간 환자 상태를 확인해야 하는 일은 한 번 했다고 끝나지 않는다. 특히 거동이 힘든 환자들을 목욕시키고 휠체어에 옮기는 일은 "진짜 골병드는" 일이라 땀이 비올 듯 쏟아진다. 밤에는 불을 켤 수가 없기 때문에 환자를 돌보기가 더 어렵다. 그녀는 "이게 말로 듣는 거랑 다르다"며 간병의 어려움을 전했다.

"간식 챙겨주고, 짬날 때마다 청결하게 하고, 말벗해드리고 무엇이 불편한지 알아보고. 이걸 계속 반복해서 해야 해요. 진짜 치매 환자는 계속 불러대고 이렇게 누이면 저렇게 뉘여달라, 저렇게 누이면 이렇게 해달라, 물 달라, 오줌 마렵다, 사람이 떨어지면 무서우니까 계속 부르는 거예요."

요양보호사들은 어깨질환을 달고 산다. 보호사들의 팔과 어깨에는 항상 테이핑이나 파스가 붙어 있다. 어깨와 팔에 70~80킬로그램 되는 환자를 기대어 하루에 몇 십 번씩 일으키고 앉히고 눕힌다. 몸을 움직이지 못하는 환자들 자세를 바꿔주다 어깨 인대가 늘어나는 일도 자주 있다.

또 보호사 중에는 "허리가 안 나간 사람이 없을" 정도로 척추 질환을 앓고 있다. 몸이 불편한 환자를 들어서 휠체어에 옮기는 일은 쉽지 않다. 환자를 옮길 때 허리가 삐끗하며 통증을 느끼는 때가 많다. 하지만 환자를 들었다가 실수로 놓치기라도 하면 큰 사고로 이어지기 때문에 몸에 무리가 오는 줄 알면서도 어쩔 수가 없다. 요양보호사 대부분이 물리치료를 받아가며 일한다. 그녀는 실제로 간병하다 쓰러져 돌아가신 요양보호사도 있다고 귀 띔했다.

병원에 입원한 치매 환자들 중에는 요양보호사에게 욕을 하거나 때리는 등 난폭하게 행동하는 경우가 많다. 또 간병인을 성추행하는 할아버지들도 적지 않다. 기저귀나 옷을 갈아입을 때 보호사의 팔과 가슴을 만지거나, 침대 위로 올라오라고 조르기도 한다. 아무리 아픈 환자지만 성추행 앞에서는 보호사들도 모멸감을 느낀다. 그래도 환자들의 그런 행동 자체는 요양보호사로서 이해하고 받아들일 수 있었다. 하지만 몇몇 보호자와 병원이 요양보호사들의 노고와 희생을 당연한 것으로 여길 때마다 기운이 빠졌다.

병원은 요양보호사들이 뭔가를 요구할 때마다 "그 나이에 일 시켜주는 것만도 고마운 줄 알라"며 그들의 말을 막았다. 어차피 봉사하는 마음으로 시작한 일 아니냐며 그냥 방침에 따르라는 말도 자주 들었다. 권옥자 씨는 꼭 필요한 일을 한다는 자부심을 갖고 있는데, 그걸 인정하지 않고 비하하는 말을 들을 때마다 환멸감을 느낀다고 했다.

"몸종 하나 샀다고 생각하고 그렇게 취급해요. 못해주면 서비스 업종인데 뭐하느냐, 하고. 그렇게 무한 서비스 요구하면 미치지. 간병사들끼리 선생님이라는 호칭을 쓰는데 보호자 입에서 '선생은 무슨 선생이야, 지까짓 것들이' 그런 말을 들으면 직업에 대한 회의를 느끼죠."

힘들고 자존심이 상할 때도 많지만 여전히 환자에 대한 애정과 보람이 더 크다. 간혹 간병인들끼리는 "하루 종일 똥만 치우다 말았어, 여기 물렸어" 해가며 투덜거리기는 하지만, 그저 장난이 섞인 하소연이다. 자신이 돌보았던 환자들은 모두 기억에, 마음에 남아 있다. 그들과 헤어져야 할 때마다 추억을 일기에 담을 만큼 특별한 애정을 보였다. 일기에는 처음 실습을 나간 날의 긴장과 설렘부터 병실에서 일어나는 크고 작은 사건들까지 그녀가 요양보호사로서 배우고 느낀 바를 애틋하게 담아놓았다. 할머니, 할아버지 때문에 힘들었다고 말하면서도 추억을 이야기하는 내내 그녀는 진심으로 행복해 보였다.

기억에 가장 먼저 떠오른 박 할아버지는 요양보호사들을 "아가"라고 불렀다. 늘 잠이 모자란 요양보호사들에게 어서 자라고 달래주던 할아버지였다. 정작 할아버지는 밤마다 잠을 안 자고 큰 소리로 노래를 부르고 욕을 해댔다. 다른 환자들까지 깨울까 싶어, 할아버지가 누운 침대를 이 방 저 방으로 옮기며 다녔다. 그렇게 몇 년 동안 밤마다 잠을 못 자고 할아버지와 씨름하며 정이 들었다. 어느 날 감기로 돌아가셨는데 유독 눈물이 났다. 돌보던 환자들이 돌아가실 때마다 "심장이 무엇엔가 눌려버

간병일기~4~

산 너머. 산이라~~

그래도 이방 보다 저방 넘어가면 좀 나을래나? 하는 기대로 4주마다 있는
을 위안으로..오늘을 참고 뻗히였건만 언제나처럼 ..ㅠㅠ 갈수록 태산같
막중 임무..

난 진짜루 먼저방 어르신이 젤루 무거운 줄 알았다 아니 호연장담 ..더 이
나가실 분은 없으리라. 이래서 운동과 다이어트란 만인에게 필수라니까.
움직일 수 없고 가만 누워 계시니. 늘어 가시는 것은 체중 뿐..
낼 부터는 더 열심히 산에 가서 세력 달련. 스트레칭. 가슴 깊이 맺힌 스트
는 심호흡 두루 두루 할 수 있는 건 다해야겠다. 오래 벌어 먹으려면..

역시 방안에 목욕 탕 없는 방이나 8명. 짝이랑 나누어 4분은 내 몫이니..와상
시지 못하시는분) 환자는 목욕카로.경직 덜어고 목 가눌 수 있는 분은 휠체어
오전내 끝내야 하니 달리고 또 달리고..공동 목욕 탕 자리 차지하느라 또 전
차 세계 대전. 올림픽 삼종 경기. 여기서 다 치러진다. 내가 소싯적 높이뛰기.
기.100미티. 400세수. 천천후 유상 선수 출신이라 요 직업에 마이 ~~ 도움된
다. 긴 그 모든 종목이 다 치러져야 목욕이 끝난다.
땀범벅이 된 채로 동료끼리 권하는 냉커피 한잔은 참~~그 무엇과도 비할 수 없
이니..함께하는 동료들이여~~파~~이팅!

올 이른 노저할매 밥 드실적 입이나 제대로 벌려 주심 오늘 일도 잘 넘어 가겠
힘이 부치시나 보다. 우째~~
이병이 멀지않은 예감이 들면 안타까움에 한모금의 죽이라도 더 드리고 싶은 것이
러들 말이니 머리 좀 써야겠다. 주사기로 묽은죽 조금씩 찬찬히 드리니 삼키신다.
그날 오후는 곡기 들어가신 게 힘이 되어 노저 할매 ~부르면 저속에서 응~. 천..
소리가 들린다.
너무 좋아 한번 더..노저 할매 사랑해요~~힘없는 가냘픈 손을 움직이신다. 꼭 잡아
리니 아주 살며시 웃어 주신다! 너무 행복하다~~

오늘은 마다 자랑하구 보여 드리고 싶은데 다른 이들이 들여다 보면 아기 같은 눈
울만 굴리시고 미소도. 대답도 없다. 뭇믿는 얼굴로 다둘 가버리면..속상해서..다시
저 할매~~ 하면 .분명 그고운 얼굴로 미소 짓고. 에~~이참 보여줬어야는데..
나만봐도 행복 하니 요것으로 만족해야지 머..

~당 춤근에 노저 할매 자리가 비어 있었다. 심장이 무엇엔가 눌러 버리는 기분이다~
추신: 노저 할매 아프지말구 그곳에서는 외롭지도 마세요~~ 명복을 빕니다.

그녀가 병실을 옮길 때마다 환자들의 특징과 느낌을 적은 간병일기.
일기에는 환자들에 대한 애정과 더 잘해주지 못하는 안타까움이 담겨 있었다.

리는 기분"이 들었다. 할아버지가 돌아가신 그날도 일기를 쓰며 그를 애도했다.

'장 할매'는 치매 환자였다. 매일 새벽 1시가 되면 대변을 보는 분이었다. 할머니는 요양보호사가 기저귀를 갈고, 옷을 갈아입혀주는 동안 열여섯 살에 결혼해서 남편이 징용 끌려간 이야기를 들려줬다. 할머니는 밤마다 긴 이야기를 들려주며 욕을 하다가도 또 요양보호사들 볼에 뽀뽀를 해주기도 했다. 아침이 되면 어젯밤 욕한 게 미안했는지 "어제는 내 맘이 아니었다"며 다 잊으라고 당부하던 할머니의 모습이 잊히지 않았다.

식사를 전혀 하지 않고 사과만 드시는 할머니를 보호사들은 사과공주라고 불렀다. 사과만 드시는 할머니를 드리려고 보호사들이 집에서 사과 한두 개씩을 싸오기도 했다.

보호사들에게 늘 자기만 봐달라고 조르는 조 할매, 평소에는 잘 웃다가도 화만 나면 욕쟁이가 되는 김 할매, 5분 간격으로 체위를 바꿔달라고 보호사를 부르는 할아버지. 고통에 시달리며 엄마를 찾는 어린아이 같은 환자들을 볼 때마다, 그녀는 자신들의 미래를 보는 것 같다며 '우리의 미래는 서럽지 않을 수 있을까' 싶은 생각에 마음이 무거웠다.

"굉장히 힘들게 했던 분이 더 오래 기억에 남아요. 우리한테 잘해주고 싶어도 잘해줄 수 있는 상황이 아니야. 우리를 괴롭힌 것도 고통 때문에 그런 거예요. 늘 집에 가고 싶어하고 외로워해요. 그런 것 생각하면 짠해요."

그녀는 당장의 생계 때문에 일을 시작했지만, 노동을 통해 느껴지는 사회적 소속감과 존재감, 자신의 노동이 타인을 행복하게 한다는 사실이 좋았다. 가족에게 소외당했다고 생각하는 환자들이 안쓰러웠고, 그들에게 평온함을 주고 싶은 마음이 늘 따라다녔다. 왜 그런지 이유는 모르겠다며 그녀는 수줍게 웃었다.

"환자들 목욕시키면 등골 빠지는 것 맞아요. 그런데 목욕하고 나온 환자들 보면 예뻐요. 나는 땀으로 범벅돼도 환자가 개운해하는 걸 보면 희열감도 느끼고, 나도 개운해. 글쎄 이런 게 무슨 마음인지 모르겠는데…… 우리들 손길 하나하나에 환자들 하루가 평안하고 행복할 수 있으면 좋겠다 싶은 거겠죠."

새로운 원장이 오자
근무 방식이 바뀌었다

그녀가 일하는 청주시노인전문병원은 2009년 시에서 건립한 시립병원이다. 청주시는 정산의료재단 효성병원에 4년간 민간 위탁을 맡겼다. 그러나 효성병원이 임금을 체불하는 일이 생기면서 위탁이 해지됐고, 2011년 12월에 씨앤씨 재활병원이 위탁을 인수받았다. 씨앤씨 재활병원의 공동 병원장이었던 한수환은 위탁을 체결한 직후 씨앤씨를 퇴사하고 노인전문병원 원장으로 운영을 맡았고, 청주시노인전문병원은 한수환의 개인사업체로 등록되어 있다.

한수환 원장이 위탁을 받고 병원에 오면서부터 요양보호사들의 업무 환경이 최근 눈에 띄게 나빠졌다. 병원은 퐁당퐁당 근무제라고 부르던 24시간 근무제를 10시간~14시간 2교대로 바꿨다. 2교대는 아침 8시에 출근해서 오후 6시에 퇴근했다가 다음날 오후 6시에 출근해서 오전 8시에 퇴근한다. 쉬는 날 없이 매일 출근하는 대신 근무 중 휴식시간을 늘려놓은 시스템이다. 근무제가 바뀌면서 1인 1실을 관리하던 요양보호사들은 1인 3실 담당으로 혼자 20명에 가까운 환자를 돌봐야 했다. 요양보호사들은 3개 병실을 혼자 관리하는 건 불가능한 일이고, 또 환자를 방치하는 근무제라며 1인 1실을 요구했지만, 병원은 2교대를 강행했다.

요양보호사들이 가장 많이 하는 일은 "나 여기 있어유, 맘 놓고 주무슈"라며 혼자 있는 환자를 안심시키는 일이다. 권옥자 씨는 환자들 바로 가까이에 붙어서 간병해야 할 필요가 있다며 2교대의 위험을 여러 번 강조했다. 하지만 모든 요양보호사들이 인건비를 줄이기 위한 불합리한 제도라는 것을 알면서도 어쩔수 없이 따라야 했다며 그녀는 울분을 터뜨렸다.

"우선 먹고살아야 되니까. 이 직업이 힘든 줄 뻔히 아는데 여유 있는 사람이 하겠어요? 우리 일이 보람도 있지만 누구라도 회피하는 일이잖아요. 절박하지 않으면 이 일을 안 하잖아. 그 절박함을 알고서 병원에서 그러는 거예요. 어쩔 수 없이 그 근무제로 하고 있는 거예요."

2교대 근무제 변경을 시작으로 노동자를 옥죄는 변화들이 늘어났다. 환자 안전을 위협하는 근무제와 명목뿐인 휴식시간이 대표적이고, 직원들을 위한 통근버스도 사라졌다. 하루에 3번 제공하던 식사도 1번으로 줄어들었고, 그마저도 식권이 없으면 못 먹게 했다.

열악한 환경에서 20명의 환자를 돌보며 받는 급여는 한 달에 150만 원이다. 최저임금으로 24시간 근무할 때 받던 172만 원보다도 적었다. 병원은 2교대로 바꾸며 시급을 6,310원으로 책정하는 대신 휴식시간을 길게 잡았다. 게다가 휴식시간을 정확히 야간수당을 적용하는 시간에 맞춰 지정했다. 이 때문에 노동자들의 최저시급은 올랐지만 월급은 줄어들었다. 이해할 수 없는 병원의 세산법에 요양보호사들은 부아가 났다.

매달 임금을 조금씩 틀리게 지급하는 일도 비일비재했다. 월급이 잘못 들어왔다고 항의하면 한 달 뒤에나 정산했다. 요양보호사들은 이런 문제를 해결하려면 노동조합에 가입할 수밖에 없다고 생각했다.

"2-3만 원씩 장난질하면서 임금을 이상하게 주는 거야. 따졌지. 몇 만 원 몇 만 원 매일 따지러 가야 돼. 내가 안 따졌으면 그냥 넘어갔을 거 아니냐고 그랬더니, 당연하대. 개별적으로 따지기 힘드니까 노조 가입하자 그런 거지. 다 쓰더라고. 그랬더니 간호과에서 우리도 하자 그러더라고. 이게 계기가 된 거예요. 차별, 인격적 모독과 말 안 되는 착취가 있었던 거예요. 고의적 착취라고 봐요."

권옥자 씨가 분회장을 맡고 난 뒤, 병원에 요구한 것은 임금인상이 아니었다. 책정된 임금만이라도 제대로 주고, 안전한 근무 형태를 보장하라는 내용이었다. 단협을 요구하면서 임금 동결하겠다고 미리 못까지 박아뒀다. 그러나 노조가 생기자마자 병원장은 김 아무개를 행정부원장으로 데려왔다. 그녀는 그가 부천세종병원, 대구시지병원에서 노조 탄압 행위로 물의를 일으켰던 '노조 파괴 브로커'라며 병원은 처음부터 노조를 탄압할 목적이었다고 귀띔했다. 김씨는 자신을 노조 파괴 브로커라고 한 것은 명예훼손이라며 권옥자 외 조합원들을 고소했고 현재 재판 중이다. 김씨는 그녀만 보면 "두고 봅시다. 벌금 엄청 나올 겁니다"라며 자신은 행정 전문가일 뿐이라고 주장하고 있다. 그러나 그녀는 노-노 갈등, 조합원 부당징계와 급여 미지급, 무작위 고소 고발과 손해배상 청구, 조합원 해고 등 노조를 와해시키려는 게 노조 파괴 브로커가 아니면 무엇이냐며 노조 파괴 수법을 설명했다.

병원은 장부를 들고 다니며 직원들에게 노조 가입 여부를 물어보고 노조에 가입한 직원들 이름을 기록했다. 그녀는 "이거 뭐냐, 살생부냐?"고 물었다가, "권옥자는 꼭 가입할 사람"이라고 적혔다. 그렇게 '살생부'에 적힌 조합원들은 정년에 가까운 나이에 업무방해, 폭행 등 온갖 구실로 해고, 정직, 대기발령, 징계 등을 수시로 받았다. 병원에서 반복, 남발한 부당징계와 해고 등은 70건에 달했다. 분회장인 권옥자 씨와 조합원 10명이 해고되었고, 업무에 복귀한 조합원들은 "인간으로서는 도저히 받을 수 없는 멸시와 모욕"을 받고 있다. 조합원들은 탄압에 못 이겨 노조를 탈퇴했고 100명으로 시작한 노조는 67명만 남아 있다.

병원은 노조를 무력화시키기 위해 용역깡패를 고용했고, 비조합원에게 조합원과 갈등을 빚도록 주문했다. 허리춤에 가스총을 찬 깡패가 병동을 돌아다니며 조합원들에게 쌍욕을 하거나 "이모 까불지 말고 집에 가 애나 봐라"라고 협박했다. 비조합원들도 시비를 걸었다. 때리는 시늉을 하고 입에 담을 수 없는 모욕적인 발언을 서슴지 않았다. 병원은 직원들 사이에 사소한 시비가 생기면 업무방해라며 곧바로 경찰을 불렀다. 병원에는 매일같이 경찰이 들락거렸다.

자격 없는 일용직 대체인력을 고용해 환자들의 안전도 위협을 빚었다. 환자들은 안정을 취하는 게 중요해서 보호사들은 신발을 끌지 않고 큰 소리로 웃지 않도록 교육받았다. 약간의 변화에도 민감한 환자들이기 때문이다. 그러나 무자격 일용직은 '딱 봐도 깡패'였다. 환자들을 방치한 탓에 환자들이 침대에서 떨어지는가 하면, 밤에 깨운다는 이유로 환자를 때리는 일도 있었다. 환자들은 하루만 지나면 그 일을 잊어버렸고, 병원은 일용직이 관리하는 방을 바꾸는 게 전부였다.

용역깡패들에게 폭행을 당한 조합원이 기절해 입원까지 했지만, 병원은 오히려 조합원을 해고하고, 업무방해로 고소했다. 그녀는 용역깡패가 상주하고 병원에 경찰과 경총까지 드나드는 것을 보고 노조 탄압을 계획적이고 조직적으로 준비했다는 생각을 지울 수 없었다. 특히 경총이 이곳과 무슨 관련이 있어서 자주 왔는지 모르겠다며 "사 측 노무법인이 경총 건물에 있는 것만 확인했다"고 귀띔했다. 그녀는 계획적인 노조 탄압이 노동자는 "찍소리하지 말고 그냥 죽어라"라고 말하는 것 같아 너무 어렵다고 하소연했다.

"현장 탄압, 임금체불, 폭행에다 경찰서에도 맨날 불려 다녀요. 폭행, 업무방해로 그냥 막 고발하는 거야. 그럼 혐의 없음으로 나와. 근데 주부들이 경찰서 가서 조사받는 게 쉽냐고요. 남편들이 이해 안 하지. 그래서 일부러 집으로 고소장 보내요. 우리도 암만 최하위 노동자지만 자존심이 있잖아요. 그런 걸 참고 있는 거예요. 내가 당한 거 어느 노동자가 또 당한다고 생각하면 이 나라에서 살 수 없어요."

권옥자 씨는 병원이 온갖 불법과 비리를 서슴지 않는다며, 노조가 아니면 환자를 돈벌이로 이용하는 병원을 감시할 수 없다고 생각했다. 자신들을 비인간적으로 대하는 병원과 경찰, 시청의 태도에 자존심이 상했다. 하지만 환자를 돌보는 요양보호사로서 공공병원을 정상화시키기 전까지 멈출 수 없다며 노조의 뜻과 명분을 되새겼다.

환자를 '얼마짜리'로 생각하는 '도둑놈'들

청주시노인전문병원은 청주시가 157억 원을 들여 건물을 지었다. 병동을 추가하거나 병원에 필요한 시설, 보수 등은 모두 시에서 지원한다. 병원에 입원한 환자가 부담하는 금액은 한 달 평균 120~140만 원. 국민건강보험공단에서 지원하는 의료비까지 계산하면 병원은 환자 1인당 340만 원을 받는다.

요양병원과 요양원은 다르다. 요양원은 환자 2.5명당 자격증을 갖고 있는 요양보호사가 1명씩 있어야 하고, 한 병실에 환자 4명까지로 제한되어 있다. 반면 요양병원은 의료기관으로 의사, 간호사와 관련한 기준들만 있을 뿐 요양보호사나 간호조무사에 대한 기준이 없다. 청주시병원은 법적 기준에 따라 의사 4명과 간호사 10명을 두고 있지만, 이것 역시 구색 맞추기에 불과했다. 그녀는 느슨한 기준 탓에 최근 요양병원이 우후죽순 생기고 있다고 지적했다.

"실상 직접적으로 환자를 케어할 수 있는 인원이 누구냐 하면 간호조무사랑 간병인이거든요. 이 인원은 규제가 없어요. 의사는 4명 있는데, 군의관 1명에, 200만 원 받는 80 다 돼가는 산부인과 의사 할아버지가 계셔. 실상 환자 못 돌봐요. '식사하셨어요? 네~' 그러고 가요. 원장이랑 또 그 친구가 가정의학과 의사예요. 둘이 환자를 돌보죠. 법적 인원이 부족해요. 간호사도 적정평가 끝나자마자 내보내요. 지금 의사, 간호사 부족하지 않냐 그러면 괜찮다, 내년에 2등급 받으면 된다고 그래요. 원장은 재활의사라 위탁자격 없는 것도 문제예요. 법적 제재가 없어요. 요양병원이 많이 생기는 이유가 그거예요."

제재와 감사가 느슨한 청주시노인전문병원은 자격 미달인 원장이 위탁을 맡은 뒤로 개인병원과 다름없는 운영을 했다. 원장은 연봉 3억의 과도한 임금 책정, 소득세 대납, 유령직원 임금 지급 등 민간 위탁의 폐해를 골고루 보여줬다. 그러나 시청은 원

청주시노인전문병원 조합원들은 모두 녹색 조끼를 입고 있다.
청주시노인병원은 녹색도시 청주 소속의 시립병원이라는 것을 알리기 위해서이다.
사진 속 권옥자 분회장은 만나는 사람들에게 녹색 조끼의 의미를 잊지 않고 일러준다.

사진 - 문설희

장의 불법 운영에도 한수환 원장에게 재위탁을 맡기지 않으면 폐업시키겠다고 협박하고 있다. 그녀는 환자를 '얼마짜리'로 생각하는 '도둑놈'들이 병원을 운영하도록 놔둘 바에는 차라리 폐업하는 게 환자와 직원한테 더 나을지도 모르겠다며 분노를 감추지 않았다.

"건물 공짜야. 340만 원 이상 환자 다 있어. 시립병원은 시에서 다 지원해주는데 위탁을 4년밖에 못하잖아요. 4년 하고 먹튀를 하겠다는 심보예요. 먹기 좋은 고기에 늑대 꼬이기 마련이라서 피해 보는 건 환자와 직원들뿐이라는 거지. 조합원들이 몸으로 부딪치면서, 굶어가면서 바로잡아가는 기예요."

권옥자 씨는 이번이 벌써 세 번째 투쟁이라고 했다. 맨 처음 노조에 가입하고 투쟁을 시작한 건 전자회사 다니던 2000년, 외국자본이 철수하자 전자회사는 문을 닫았고 전 직원 202명이 한번에 실직자가 되었다. 그때 직원들이 받던 월급은 42만 원으로 퇴직금은 200만 원 남짓했다. 회사는 280억이라는 자본이 있으면서도 직원들의 퇴직금을 빼돌렸다. 퇴직금 한 푼 못 받고 실직한 직원들은 노조를 결성해 6개월간 천막농성을 하며 투쟁했다. 그 결과 직원들은 퇴직금에 위로금까지 받을 수 있었다.

그녀는 일하면서 힘들고 억울한 것을 풀기 위해 끝까지 투쟁했지만 노조가 싫었다. 너무 힘들었기 때문이다. 다시는 발을 담그지 않으려고 노조와는 상관없어 보이는 일만 했다. 호떡장사와 일용직 노동, 요양보호사도 그런 이유로 선택한 일이었다.

청주시노인병원이 효성병원의 위탁을 받던 2010년에도 그녀는 돌봄노조에 끝까지 가입하지 않으려 했다. 긴 싸움으로 상처를 경험했고 "그래서 이런 싸움에는 말려들지 말아야겠다"고 생각했다. '따지는 사람'으로 낙인찍히는 것도 싫었다. 무엇보다 자신의 노조 경력이 조합원들에게 피해를 줄 것 같아 두려웠다. 그러나 동료들이 해고되는 것을 보고 그녀는 바로 돌봄노조에 가입했다. 함께 일하는 동료들에 대한 마땅한 예의라고, 또 싸움을 피할 수 없을 거라고 생각했다. 조합원이 되어 부당해고에 맞서 투쟁했지만, 역시나 기꺼운 일은 아니었다.

하지만 2013년 노조를 만들 때에는 그녀가 분회장을 맡겠다고 먼저 나섰다. 힘든 싸움이 될 거라는 생각에 누군가 책임져주는 사람이 있어야 조합원들이 안심할 수 있겠다 싶었다. 조합원들이 끝까지 싸울 수 있도록 "주춤거리지 않고 조합원을 이끌겠다"고 다짐했다. 조합원을 위한 일이었고, 스스로 책임감을 부여한 싸움이었기에 '등골 빠지는 일'도 즐길 수 있게 됐다고 자부했다.

"후회 안 해요. 투쟁 같이했던 사람들이 이제 그만해라, 편하게 살라 그래요. 은연중에 보니 내가 노동운동을 하는 사람이 돼 있었는데, 그게 아니었거든. 나는 끝까지 일하려고 그냥 발버둥치는 사람이에요. 절실하다고 느꼈으니까. 그 과정에서 비리 보고 못 참고, 탄압 보고 억울해한 것뿐인데 노동운동이 돼 있는 거야."

어릴 때도 불의를 보면 못 참았냐는 질문에 그녀는 그런 것 같다며 고개를 끄덕였다. 그녀는 책임감이나 정의감보다는 어릴 때부터 험하게 커서 그런 것 같다며 자신의 삶을 회상했다.

어릴 적 권옥자 씨는 그 시절 여느 맏딸처럼 학교를 그만두고 오빠들과 동생들을 돌봤다. 가족들은 그녀의 희생에 늘 미안해하지만, 그녀는 자신의 선택에 후회한 적이 없다는 말로 가족들의 짐을 덜어줬다. 그녀가 맏딸로서 가장 노릇을 한 탓인지 가족들은 늘 그녀에게 의지했다. 스무 살에 중매로 결혼한 뒤에도 여전한 리더십으로 가장 노릇을 맡았다. 번번이 사업에 실패하는 남편에게 당신은 사업할 자질이 아니니 자신이 벌겠다고 선언했다.

그녀는 강원도 광산에서 슈퍼를 하며 돈을 벌었다. 장사를 하려면 발이 넓어야 한다고 생각한 그녀는 부녀회, 부녀 소방대 활동을 하며 잠시도 집에 있지 않았다, 10년 만에 아파트를 사서 청주로 돌아와 지금까지 가장으로 주도권을 쥐고 있다. 남편은 그녀가 얼마나 열심히 살았는지 가까이서 봤기에 그녀가 무엇을 하든 믿고 따랐다. 자녀들 역시 그녀의 성실한 삶을 인정하고 존중해줬다.

그녀의 정의감과 리더십이 일터에서도 고스란히 드러나 투쟁으로 이어졌을 때도 가족들은 같은 태도였다. 가족들이 그녀의 투쟁을 인정하게 된 것은 특히 딸의 응원과 지지가 컸다. 남편이 노조를 못마땅해할 때마다 딸이 나서서 막아준 덕분에 '자유롭게' 싸웠다며 그녀는 딸에 대한 고마움을 넌지시 비쳤다.

노동자는 영원히
노동자로 남는 세상

그녀는 부당함과 싸우며 30년째 노동자로 살고 있지만, 노동자들이 받는 대접과 고단한 삶을 생각하면 가슴이 답답했다. 서로의 일을 존중해주고, 노동의 정당한 대가를 받는 게 왜 이렇게 힘들어야 하는지 이해가 되지 않았다. 그녀는 노동자들이 불합리한 환경과 언제 잘릴지 모르는 위기감 때문인지, 노동자들 스스로도 위축되어 있다고 지적했다. 노동자들은 눈밖에 나면 안 된다는 조바심에 회사의 무리한 요구는 거절하지 않으면서, 자신의 당연한 권리 앞에서는 '얌체로 느껴'질까봐 당당하게 요구하지 못한다. 특히 아내, 엄마, 며느리의 역할까지 해야 하는 여성 노동자들은 가정과 일터 양쪽에서 눈치를 봐야 했기에 그 삶은 더 고달팠다.

그녀가 보기에 노동자가 끝없이 싸워 근로기준법이라는 것을 알게 되고, 가족 중 하나가 공장에서 돈 벌어서 동생들 공부시켰던 몇 십 년 전이 오히려 희망이라도 있었던 시절이었다. 열심히 일하면 가족들이 편안하게 살 거라는 희망, 열심히 싸우면 노동자의 존엄을 인정받을 거라는 희망으로 일하고 투쟁했다. 하지만 30년을 기다려도 희망은 잘 이루어지지 않았다. 세 번의 투쟁에서 승리의 경험보다 노동조합이 받는 편견과 어려움을 더 절실히 경험했다. 희망을 품고 싸움을 시작했지만, 상황은 더 나빠지는 것을 느꼈다. 자신이 힘들게 일해서 공부시킨 아들, 딸이 회사에서 고달프게 직장 생활하는 걸 볼 때마다 이 세상이 무서웠다.

하지만 그녀는 노동자의 싸움은 끝이 없는 싸움이라는 걸 알게 됐다. 이겼다고 끝나지 않고 졌어도 계속되는 싸움이라는 생각을 하니 오히려 작은 희망이 느껴졌다. 그녀는 "어차피 싸움에 바친 인생"이니 노동자의 권리를 위해 나머지 인생을 바쳐야겠다며 끝없는 싸움을 이어갈 것이라고 약속했다.

"지금은 시스템 자체가 노동자의 자식은 노동자, 자본가의 자식은 자본가가 되게 선을 그어놓은 게 아닌가 싶어. 무서워. 우리는 이렇게 살아도 우리 손녀딸이 사는 세상은 최소한 몸부림치지 않아도 살 수 있는 세상을 만들어야지. 누가 아나, 최선을 다 해봐야지. 지금 아무것도 안 하면 더 나빠질 거 아냐? 세상은 바꾸지는 못하더라도 지키는 노력은 해야지."

후기

긴 인터뷰였다. 서울시청 광장에서 시작한 권옥자 씨의 투쟁 이야기는 고속도로를 지나 청주에 도착했을 때는 그녀의 인생 이야기로 이어졌다. 그 긴 시간 동안 그녀는 쉬지 않고 자신의 이야기를 꺼내놓았다. 할 말이 많은 듯했다. 많은 이야기들이 오고 갔다. 특히 그녀가 노동자를 바라보는 그 시선에 공감할 수밖에 없었다.

그녀가 보기에 한국 노동자들은 참, 착했다. 불이익을 당해도 그냥 넘어가고, 회사가 시키는 대로 무조건 따랐다. 당연한 권리를 요구하는 것도 스스로 눈치를 보며 자기 검열을 한다. 회사와 싸우면서도 돈에 눈먼 원장을 염려하고 용역깡패들을 가여워했다. 환자에 대한 미안함은 말할 것도 없었다. 항상 자신보다 환자가, 병원이 우선했다. 그녀가 스쳐 지나가듯 던진 몇 마디에서 '너무' 착한 노동자들을 향한 안타까움이 묻어났다. 노동자들에게 착함이란 따지지 않고 대충 넘어가는 것, 자기 권리를 포기하는 것과 다름없어 보였다. 상식이 통하지 않는 곳에서, 모든 게 자본에 잠식당한 곳에서 순응이 무슨 의미가 있을지 내내 생각했다.

인터뷰를 하고 3주쯤 지났을 때 한수환 원장이 '노동조합의 무리한 요구와 투쟁' 때문에 위탁운영을 포기하겠다는 기사가 올라왔다. 기사를 보며 권옥자 씨와 전화 통화를 했을 때 그녀는 아주 담담했다. 병원을 폐업하겠다는 협박을 숱하게 들어왔기 때문이다. 그녀는 원장이 위탁을 포기한 건 "직원이나 환자들도 차라리 잘되었다고 생각한다"며 그는 병원을 운영하면 안 되는 사람이라고 못 박았다.

한수환 원장이 위탁을 포기하고 석 달 후, 청주시장은 직접 운영은 할 수 없다며 병원을 폐쇄했다. 청주시 노인병원의 직원 전원은 해고 통보를 받았고, 병원에 있던 환자 150여 명은 쫓겨나듯 병원을 옮겼다. 권옥자 씨와 조합원들은 시청 앞에 천막을 세우고 노숙 농성을 시작했다. 생활고로 노조를 탈퇴한 7명을 제외한 조합원 60명은 공공병원 정상화와 복직을 요구하며 현재 180일 넘게 농성중이다. 시장은 폐원은 노사 간 갈등 때문이라며 노동자 탓을 하고 있지만, 폐원은 민간 위탁이 갖는 단점을 알고 있으면서도 관리감독을 소홀히 한 청주시의 안일한 태도의 결과이다.

노동조합이 문제를 제기하고 개선하려고 하면 시는 그들이 따지기나 하는 싸움꾼이라는 딱지를 붙이면서, 관리의 주체로서 병원 운영에 개입하려 하지 않았다. 시도 시민도 무관심한 사이에 민간 병원은 개인 수익을 올리는 데 급급했다. 그녀 말대로 청주시노인전문병원을 공공 의료기관으로 시에서 직접 운영하면 민간 위탁의 여러 부작용을 막을 수 있다. 그러나 시는 세금으로 건립한 시립병원을 직접 운영할 수 없다고만 했다. 그녀는 그 이유가 무엇인지 의아하기만 하다.

그녀가 "왜 그럴까요? 왜 안 할까요?" 물을 때 그 말소리의 반복과 강약에서 대충 넘어가지 않겠다는 다짐이 느껴졌다. 그녀가 그토록 따져 묻는 건 동료들과 함께 "진짜 환자만 생각하는 즐거운 직장"으로 돌아가고 싶기 때문이다. 그것이 그녀가 그토록 피하고 싶었으면서도 결국 피할 수 없었던 까닭, 따지기나 하는 싸움꾼이 되기로 결심한 이유이다. 그런 마음 씀씀이를 보여주는 그녀가 진짜 '착한' 노동자가 아닐까 생각했다. 순응과 체념보다는 끈질기게 따져 묻는 그 힘으로 환자들이 있는 곳으로 돌아갔으면 싶다. 환자와 함께 있어서 행복하다던 그녀의 얼굴을, 애절한 마음으로 환자들과의 추억을 써 내려간 일기를 계속 볼 수 있으면 좋겠다.

고속도로 위
마네킹처럼
앉아 있는 그녀들

서울고속도로 톨게이트 수납원 한은미 씨

기록 정윤영

일
곱
번
째

이
야
기

서울외곽순환도로 8차선에 승용차부터 화물차까지 하루 평균 2,000대가 달린다. 시속 100킬로미터로 달리는 차들 한가운데, 1평 남짓한 좁은 부스에 앉아 일하는 사람들이 있다. 톨게이트 요금 수납원이라고 불리는 그들은 모두 여성 노동자들이다.

톨게이트 수납원으로 일한 지 8년이 되었다는 한은미(42) 씨. 그녀는 고등학교 1학년과 3학년인 두 아이의 엄마이고, 또 고양 톨게이트지부 부분회장이다. 아직 바람이 찬 겨울의 끝, 도로 한복판으로 출근하는 한은미 씨를 고양 톨게이트 근처에서 만났다. 그녀와 약속을 잡고 고속도로 톨게이트 수납원의 일과를 상상해봤다. 도로 한가운데로 어떻게 출근하는지가 가장 궁금했다. 차들이 계속 달리는 도로 위로 출근을 한다는 것이 어쩐지 낯설게 느껴졌다. 그런 생각을 하고 보니 화장실이며 식사는 어떻게 하는지 여러 질문들이 뒤따랐다. 그제야 바쁘게 돈을 거슬러주고 명랑한 목소리로 인사하는 그녀들의 얼굴이 궁금해졌다.

'땡보직'인 줄로만 알았던
톨게이트 요금소

한은미 씨가 일하는 서울외곽순환도로는 경기 북부에 있는 민자 구간 고속도로로 고양에서부터 통일로, 양주, 송추, 별내, 불암 톨게이트까지 총 6개 영업소가 있다. 양주 톨게이트처럼 영업소가 큰 곳은 본선, 작은 영업소는 지선으로 불린다. 그녀가 현재 일하고 있는 고양 톨게이트에는 수납원 13명, 관리자 6명이 일하고 있다.

영업소 6개는 한덕엔지니어링이라는 용역업체가 관리 감독을 맡고 있다. 한덕에 하청을 준 회사는 주식회사 서울고속도로. 수납원들이 대리, 주임이라고 부르는 관리자들은 원청인 서울고속도로 직원이다. 외곽순환도로 직원들은 6개 영업소를 순환하며 근무한다. 그녀도 입사하고 7년 동안 양주 톨게이트에서 일하다가 고양으로 왔다.

그녀가 처음 입사한 것은 외곽순환도로가 개통한 2006년이었다. 집 근처에 고속도로가 생기고, 직원을 대대적으로 모집한다는 얘기가 돌자 동네가 들썩였다. 톨게이트 수납원이 하는 일은 편하고 쉬워 보였다. 특히 혼자 자유롭게 일하는 분위기가 좋아 보였다. 고객을 오래 상대하지도 않고 또 언짢은 일이 생기더라도 다음 차가 오면 그만이라고 생각했다. 톨게이트 수납원은 "그나마 물 안 묻히고 무거운 거 안 드는 직업이라 나름 주부들 사이에서 좋은 직업으로 알려"졌다.

한은미 씨도 스물여섯에 결혼해 아이들 키우다가 일을 시작했다. 아이들이 초등학교 고학년이 되면서 학원비 지출이 커졌고 "뭐라도 하는 게 낫겠다" 싶었기 때문이다. 그런데 입사한 지두 달 만에 회사를 그만두어야 했다. 갑작스레 병이 났는데, 회사에는 병가라는 것이 없었다. 어쩔 수 없이 퇴사하고 1년 후 재입사했다. 그리고 지금까지 8년째 근무하고 있다.

"결혼하고 단절된 삶을 살다가 첫 직장을 얻었던 거죠. 사실 고속도로 다니다보면 돈만 휙 받고 말잖아요. 저렇게 땡보직이 어디 있을까, 만만하구나 싶어서 문을 두드리는 사람이 많았어요."

외곽순환도로 톨게이트에서 일하는 수납원들은 모두 자가로 출근한다. 차가 없으면 출퇴근 자체가 불가능하다. 그들이 출퇴근하는 시간에는 대중교통이 없을 뿐 아니라 영업소까지 오는 차량도 없기 때문이다. 영업소는 고속도로 옆 갓길에 있다. 근무한 시간 전에 도착해 유니폼으로 갈아입고 잔돈을 챙긴다. 업무 준비가 끝나면 건물 지하로 내려간다. 영업소 계단 밑으로 지하통로가 요금소까지 연결되어 있다.

지하통로를 거쳐 요금소로 가는 길은 영업소마다 다르다. 보통은 건물 지하와 연결돼 있어서 요금소까지 1~2분 정도 걸린다. 그녀가 일하는 고양 톨게이트 하행선은 거리가 멀리 떨어져 있다. 건물 밖으로 나와 갓길을 100미터쯤 걸어야 하는데다 지하통로도 두 곳이나 거쳐야 한다. 요금소까지 가는 데 7분 20초가 걸린다. 왕복 15분은 지하통로에서 "급한 대로 볼일을 봐"야 하는 정도의 거리다. 작년에 간이 화장실이 생기긴 했지만, 여전히 지하는 어두웠고 통로를 오르내리는 계단은 좁고 가팔랐다. 그녀는 그래도 낮에는 갈 만하다고 했다.

"처음 가봤을 때는 사실 무서웠어요. 밤에 나 혼자 가야 되고. 7분 20초를 혼자 걸어가야 되니까요. 산속에 나 혼자 들어가 있는 것 같은 느낌이었어요. 낮에는 괜찮은데 저녁 때는 혼자만 근무를 하니까 무섭죠. 밤에도 두 사람씩 짝을 지어줬으면 좋겠는데 회사는 직원 안전보다 인건비가 문제이기 때문에⋯⋯"

수납원들이 밤에 혼자 일하는 데에는 이유가 있다. 톨게이트 요금소는 3교대로 일하는데, 초번이라 부르는 오전 근무는 아침 6시부터 오후 2시까지, 중번은 오후 2시부터 밤 10시까지, 야간 근무인 말번은 밤 10시부터 다음날 아침 6시까지이다. 톨게이트를 지나는 차량은 출퇴근 시간에 가장 많고, 새벽에는 차량이 드문 편이다. 그래서 야간 근무 때는 요금소를 갓길 차로에 하나만 열어놓는다.

요금소를 하나만 여는 건 안전하지 않다는 게 그녀 생각이다. 언제든 생길 수 있는 예외 상황에 대비할 수 없기 때문이다. 무엇보다 모든 요금소가 열려 있다고 생각한 운전자들이 닫혀 있는 창구 앞까지 직진했다가 갓길 차로로 후진하는 위험한 상황도 종종 일어난다. 왜 요금소가 하나밖에 없냐고 항의하는 민원이 많이 들어오긴 하지만 바뀌는 것은 없다. 외곽순환도로 6개 영업소 모두 새벽에는 차량이 적다는 이유로 요금소를 하나만 열어놓는다.

외곽순환도로 톨게이트 수납원은 주 6일, 하루 8시간 근무한다. 휴일은 석 달에 13번. 한 달에 4번 쉬는 꼴이다. 주말이나 명절은 차량 통행이 많아서 모든 직원이 다 출근해야 한다. 3교대 근무 특성상 일주일에 두 번은 네 시간 이상 잠을 자지 못한다. 3교대는 말번, 중번, 초번 순서로 돌아간다. 말번에서 중번으로 이어지는 날, 또 중번에서 초번으로 이어지는 날이 일주일에 두 번은 꼭 있다. 수납원들은 과로를 부르는 교대 시스템에 '젖어들어' 피로에 시달리고 있다는 사실마저 잊고 일한다.

그렇게 고강도로 일을 하고 수납원들이 받는 기본급은 2014년 기준으로 108만 8,000원이다. 최저시급 5,210원에 209시간을 곱한 값이다. 기본급에 각종 수당을 포함해 그녀가 받은 실수령액은 178만 원이다. 최저시급을 받는 톨게이트 수납원들은 1년마다 계약서를 쓴다. 최저시급이 해마다 바뀌기 때문이다. 그녀는 기본급보다 더 받은 건 일을 정말 많이 했기 때문이라며 "우리는 사실 5,210원짜리 인생"이라고 했다.

5,210원짜리 톨게이트 수납원이 일하는 요금소는 1평이 채 되지 않는다. 요금소 안에서는 이동을 하거나 몸을 크게 움직이는 것이 불가능하다. 차량이 많은 본선은 물을 마실 시간도, 다른 곳을 쳐다볼 틈도 없다. 화장실이 정말 급할 때에는 영업소

강 조 사 항

고객만족 서비스를 실천하기 위하여 아래와 같이 용모복장 규정을 강화하오니
전 근무자님들은 이에 준수하시기 바랍니다.

1. 머리
   - 긴 머리 : 머리 망 필수, 잔머리 흘러내리는 머리가 없도록 스프레이 및
     헤어 젤 사용, 실 핀으로 고정 할 것
   - 짧은 머리: 귀가 보이도록 양 귀로 옆머리 넘길 것
   - 손질하지 않은 파마머리 및 밝은 색의 염색, 탈색 금지

2. 메이크업
   - 생동감, 건강미가 느껴지는 풀 메이크업 필수
   - 잡티, 피부결점 커버되는 파운데이션 사용, 밝은 색의 립스틱

3. 손톱
   - 투명, 살구색, 살색 외 불투명하고 튀는 색상의 매니큐어, 네일아트 금지
   - 손톱길이 정돈

4. 구두
   - 색상 : 검정, 짙은 브라운 계열, 진회색
   - 디자인 : 통굽의 뒤가 막힌 구두
   - 남성 : 사내에서 구두 착용

5. 악세서리
   - 튀고 늘어지는 팔찌, 귀걸이 및 반지 금지
   - 유니폼 위 목걸이 착용 금지

6. 유니폼
   - 브로치, 명찰 필수 착용. 끝.

cs평가는 업무 태도 및 고객 응대 등 20개 항목에,
별도로 첨부한 강조 사항까지 총 21개 항목이 있다.

로 전화를 걸어 관리자를 불러야 한다. 누군가 요금소로 오기 전까지는 화장실도 가지 못한다. 특히 갑작스럽게 생리가 시작되면 어떻게 하나 싶은 불안과 초조함도 안고 살아야 한다. 8시간 일하는 동안 쉬는 시간은 딱 두 차례. 휴식시간 30분과 식사시간 40분, 요금소에서 영업소까지 오가는 시간을 생각하면 휴식시간은 그리 길지 않다. 그녀는 휴식이라고 해봐야 편하게 쉴 수 있는 것도 아니고, 그 시간조차 일하는 것처럼 느껴진다고 말했다.

"딱 두 차례 쉬는데 쉬는 시간에 중간 입금도 해요. 한 번에 마감하면 너무 많으니까 중간에 입금을 하는데 사실은 이것도 업무죠. 전에는 식사도 거의 마시는 수준이었어요. 왔다 갔다 하는 것만도 15분이 걸리잖아요. 그래서 밥 시간을 10분 더 늘렸어요. 그러면서 10분 더 시간 주는 거라고 얼마나 생색을 내는데요."

땡보직인 줄로만 알았던 일은 생각보다 훨씬 힘들었다. 한쪽 창문을 열어놓고 일하는 수납원들은 엄청난 소음과 매연에 그대로 노출되어 있기 때문에 항상 목이 칼칼하고 입안이 건조하다. 비염을 자주 앓고 기침을 달고 살고, 감기에 한 번 걸리면 쉬 낫지 않는다.

창문이 있는 왼쪽만 바라보고 일하는 탓에 어깨 결림이나 척추측만, 목 디스크를 만성으로 앓고 있었다. 그렇게 8시간을 앉아 있다보면 어깨가 틀어지고 허리가 휜다. 수납원들은 복대를 차거나 방석을 들고 다니며 비틀어진 자세를 바로잡으려고 노력하지만 별 효과는 없다. "정 아프면 연차 내서" 치료를 받는데, 치료라고 해봐야 약물 주사를 맞는 게 전부다. 한은미 씨는 어깨가 특히 무겁다고 했다. 한의원도 가보고 정형외과도 가봤지만 그때뿐이었다. 잘못된 자세 때문에 생긴 거라 교정 치료를 받아야 했다. 그녀뿐 아니라 모든 수납원들이 정기적으로 병원에 다니며 치료를 받고 있다. 치료비는 수납원 개인 부담이다. 그녀는 요금소 구조상 몸을 한쪽으로만 쓰게 되어 있다면서 수납원들 건강을 고려해 구조를 바꿀 수도 있을 텐데, 그렇게 하지 않는 이유를 모르겠다고 한탄했다.

"이 직업을 계속하면 왼쪽으로 허리가 휘게 되어 있어요. 척추측만이 오는 거죠. 직원들이 병원을 갔다 와서 이게 직업병이라는 걸 알았어요. 목 디스크, 허리 디스크가 많아요. 전에는 고개를 창문 밖으로 내놓고 있었거든요. 디스크로 3명이 수술을 했어요. 그때는 산재라는 말도 못 꺼냈죠. 산재가 뭔지도 몰랐으니까요."

차 한 대가 지나가는 7초 동안
지켜야 하는 21가지 수칙

영업소는 차 한 대가 요금소를 지나가는 데 7초가 걸린다고 했다. 그 계산에 맞춰 직원을 뽑고, 한 달 근무시간표를 짠다. 7초는 수납원들이 고객을 만나는 시간, 그녀 표현에 따르면 "별의별 놈을 다" 만나는 시간이기도 하다. 물론 좋은 사람을 만나기도 한다. 수고가 많다며 음료수를 건네는 사람, 트럭에 실은 두부나

고속도로 위 마네킹처럼 앉아 있는 그녀들

요구르트를 나눠주는 기사도 종종 있다. 매일 보는 노신사가 다른 직원들과 식사하라고 돈을 준 적도 있다. 그 돈으로 회식했던 경험은 수납원들에게 미담으로 남아 있다. 그러나 반말을 하거나 요금이 비싸다고 욕설을 하는 등 수납원들을 함부로 대하는 사람들을 더 자주 만난다. 돈을 던지거나 이유 없이 시비 거는 사람, 심지어는 오물이 묻은 휴지를 준 사람도 있었다. 한은미 씨는 일하면서 처음으로 고객에게 욕을 들어야 했던 경험을 잊을 수 없다며 언성을 높였다.

"어떤 젊은 사람이었는데 지금도 기억이 나요. 고객이 나한테 성질을 냈어요. 왜 이렇게 비싸냐고. 여기가 민자 구간이라 그렇다고 했더니 '집어치우고 한마디만 더 하면 침 뱉을 참이니까 사장한테 가서 그대로 전하라'고 그러는 거예요. 순간적으로 멍해가지고…… 책정된 요금을 가지고 직원들이 이런 욕을 먹어야 하나 싶었죠. 처음 경험해보는 거라 굉장히 놀랐어요."

여성 노동자가 8시간 동안 혼자 일하는 밀폐된 공간은 온갖 욕설과 성희롱을 당하기에 적절한 장소처럼 보였고, 차 한 대가 지나가는 7초의 시간은 꽤나 길게 느껴졌다. 나이가 많은 남자들은 손을 잡고 놓지 않기도 했다. 아예 톨게이트로 들어오기 전부터 바지를 내리고 오는 사람도 있는가 하면, 내비게이션에 야한 동영상을 틀어놓고 "아줌마! 이것 좀 봐"하며 한참을 안 가는 트럭 기사들도 있었다. 그런 사람을 보면 기가 막히지만 그렇다고 화를 내거나 욕을 할 수는 없다. 그런 이유로 민원이라도 들어왔다가는 도리어 사과를 하고 경위서를 제출해야 한다. 수납원들은 다음 차가 얼른 오기를 기다리며 창문을 닫는 것 말고는 아무것도 할 게 없었다.

한은미 씨는 요금소로 들어가기 전에는 생각을 비운다. 그렇게 하면 습관처럼 차가 올 때마다 웃을 수 있기 때문이다. 그녀는 "이게 좋은 일인지는 모르겠으나 하도 웃는 연습을 많이 해서 수납원들 얼굴에 웃는 주름이 생겼다"며 실소를 뱉었다. 그렇게 주름이 지도록 연습한 얼굴로 인사했다가 자기를 좋아하냐, 왜 실실 웃느냐는 비아냥거림을 듣는 일도 허다했다. 그럴 때마다 회사에서 시켜서 하는 거라고 말할 수도 없어서 답답했다.

"눈 맞추고 방긋 웃어야 되는 게 이해를 할 수 없었어요. 전 그게 제일 싫었어요. 웃는 걸로 모든 걸 무마하는 거예요. 입꼬리 올리면서. 어떨 때 보면 미친 짓이지 싶어요."

외곽순환도로는 국토부에서 실시하는 CS평가(고객만족평가)에서 늘 높은 점수를 받는다. 1년에 한 차례 실시하는 국토부 평가를 위해 서울고속도로와 용역업체인 한덕은 매달 수납원들의 점수를 매긴다. 외곽순환도로 6개 영업소 167명의 수납원들 평균 점수는 97점. 점수가 높은 데에는 이유가 있다. 수납원들이 친절하기도 하지만, 최하위 점수를 받으면 불이익을 받기 때문이다.

매달 점수를 공개해서 높은 점수를 받은 사람에게는 제주도나 중국 여행, 동종사 견학 등의 포상이 주어지지만, 낮은 점수를 받으면 벌을 받는다. 화장실이나 지하통로, 계단을 청소하거나 8시간 동안 서서 고객들에게 인사를 해야 하는 등 다양한 벌이 주어진다. 수납원들이 두려워하는 가장 큰 벌은 감봉과 강등. 수납원들이 점수 공개에 민감하게 반응할 수밖에 없는 이유이기도 하다. 그러나 자신이 영업소 평균 점수를 깎아먹었다는 죄책감, 또는 자기 이름이 사람들 입에 오르내리는 것이 자존심 상해서 아예 그만두는 수납원도 숱하게 많다.

수납원들의 스트레스인 CS평가는 매뉴얼에 따라 점수가 매겨진다. 평가 항목은 모두 21가지. 수납원들은 차 한 대가 지나가는 7초 동안 21가지 항목을 모두 지켜야 한다. 매뉴얼에서 요구하는 평가 항목에는 귀고리 크기부터 머리 모양, 립스틱 색깔까지 정해져 있다. 또 고객에게 공손하게 인사하는 법과 순서도 정해져 있다. 매뉴얼대로라면 수납원들은 차가 갈 때까지 고객을 바라보고 있어야 한다. 그녀는 수납원들이 이걸 지키기 위해 정말 죽을힘을 다한다고 토로했다.

"출근하면 매뉴얼부터 체크해요 명찰, 유니폼, 립스틱, 이런 걸 스스로 체크해요. 요금소에서 7초 동안 해야 할 21개 항목이 있어요. 그 항목이 사실 좀 과하죠. 불가능하잖아요. 근데 우리는 그걸 다 해내요. 아줌마들이 시키는 일은 다 잘해요. 그걸 다 해야 되는 줄 알았어요."

용역업체 한덕은 외곽순환도로 외에도 고속도로 톨게이트 28개를 운영하고 있다. 그들도 11번의 평가 횟수와 매뉴얼이 과하다는 것을 잘 알고 있다. 그런데도 매달 평가를 하는 이유는 원청인 서울고속도로에서 요구하기 때문이다. 한덕은 매년 받아온 CS평가 1등을 유지하겠다는 조건으로 2014년 용역을 입찰받았다. 그러나 CS평가는 회사에게만 좋은 제도였다. 서울고속도로가 평가 결과를 구실로 수납원들에게 청소를 시키고, 그들의 업무 형태를 시간제 아르바이트로 바꿀 수 있다는 것을 생각하면 더욱 그랬다.

"평가를 해서 회사 이미지를 높이긴 했죠. 민자 구간 모니터링에서 한 번도 1등을 놓친 적이 없었거든요. CS가 고객도 불편하다는데…… 어떤 사람은 왜 이러냐고 그러기도 해요. 아무도 원하지 않는데 왜 시키나 싶어요. 평가를 해서 우리한테 좋은 건 없어요. 왜 실실거리냐는 소리나 듣지."

한덕이 입찰을 받은 직후 최하위 점수를 받은 수납원 4명이 직원에서 시간제 아르바이트로 근무제가 바뀌었다. 시간제로 바뀌자 월급이 40만 원 줄었다. 한덕은 '4명을 자르라'는 서울고속도로의 요구에 점수가 낮은 수납원을 강등시켰다. 2014년에 받은 점수 때문에 강등된 4명은 평균 6년 이상 일한 사람들이었다. 이를 가까이서 지켜봐야 했던 동료들의 '곪을 대로 곪은 불만'은 터지기 직전이었다.

하나하나 알아갈수록
무섭고 낯선 세상

한덕이라는 회사가 톨게이트 하청을 맡기 전에는 미성산업개발이 6년 동안 관리를 맡았다. 톨게이트 수납원들의 평균 근속연

수는 3년 이상, 수납원 대부분이 미성이 관리를 할 때부터 일을 시작했다. 오래 일하면 일할수록 월급도, 연차수당과 퇴직금도 조금씩 늘어났고, 그 희망에 고강도 업무를 버텨왔던 것이다. 그러나 2014년 1월 1일 한덕이 들어오면서 야간, 휴일, 연차수당을 제외한 모든 수당이 사라졌다. 각종 수당이 사라지니 최저시급이 올라도 실제 월급은 줄어드는 기이한 일이 벌어졌다. 퇴직금도 처음부터 다시 적용해야 했다. 한은미 씨는 8년을 일했는데 새로운 업체가 들어왔다는 이유로 신입사원이 되었다며 화를 감추지 못했다.

"우리는 어제도 오늘도 그 자리에서 일하고 있는데, 얼굴 한 번 못 본 사장이 바뀌었다는 이유로 연차가 없어졌어요. 주말과 명절에 쉬는 것이 아니어서 우리는 연차 활용을 잘해야 해요. 가정도 챙겨야 되고, 경조사도 있고. 그런 것들이 깡그리 없어졌을 때 반감이라든지 실망감, 자괴감이 들 정도였어요. 그런 것들은 말로 표현할 수가 없죠……"

과도한 CS평가와 부당한 임금 삭감을 계기로 수납원들은 "이렇게는 살 수 없다"고 판단하고 도움을 청할 곳을 찾았다. 도로공사 소속 수납원들은 CS평가 점수를 받지 않는다는 것을 알게 됐고, 노동조합이 있기 때문에 그것이 가능하게 됐다는 것도 알았다.

한은미 씨는 조합원 대표로 민주노총에 신청서를 내고 동료 수납원들에게 가입 원서를 받기 시작했다. 노조를 결성하는 과정은 쉽지 않았다. 대대적인 인사이동으로 관리자들은 영업소를 바꿔 출근했고, 노조 대표자들은 관리자 눈치를 봐가며 조합원을 모집했다. 조합원들의 가입 신청서가 담긴 서류를 제출하는 날에는 연차까지 냈다. 혹시나 회사에서 서류를 뺏어가기라도 할까봐 겁이 났기 때문이다. 그렇게 가슴 졸여가며 받은 노조원은 모두 106명으로 전체 수납원의 80퍼센트에 달한다. 그만큼 쌓인 것이 많았다는 게 여실히 드러나는 숫자였다.

조합원들이 요구하는 것은 정당한 임금을 달라는 것, 과도한 CS평가로 생기는 불이익을 줄이고, 직원 복지에 대한 명확한 근거를 제시하라는 것이었다. 곧 당연한 것을 나열해놓은 수준이었다. 그러나 한덕은 원청인 서울고속도로가 동의하지 않으면 할 수 있는 게 없다는 이유로, 또 서울고속도로는 한덕과 해결할 사안이라며 단협을 미루었다. 조합원들은 4개월 넘게 서울고속도로 본사 앞에서 시위하고 있지만 아직까지 대화는 없었다. 그녀는 원청이 나서지 않으면 해결할 수 없다는 생각에 서울고속도로에 두 차례 찾아갔다. 그러나 늘 얼굴 맞대고 인사하던 관리자에게 문전박대당하기 일쑤였다.

"'당신들은 우리 회사 직원이 아니다. 한덕에 가서 얘기해라. 자꾸 이러면 경찰을 부르겠다.' 이렇게 말하더라고요. 우리랑 같이 있을 때는 한솥밥 먹는 식구라고 하던 사람이. 출퇴근하면서 늘 보던 사람이 경찰 부르겠다고 하자 깜짝 놀랐어요. 저기가 저렇게 먼 곳이었구나. 비정규직이라는 게 생각보다 현저하게 낮은 자리였구나. 나는 내가 비정규직인 것도 몰랐어요. 네 달이면 짧은 시간이 아닌데 해결할 의사가 있으면 이 사람들이 무슨 애기하는지 와서 들어봤어야 된다고 생각해요. 지금까지 단 한 차례도 나서지 않았어요."

　단협을 준비하는 과정에서 조합원들은 국민연금공단이 서울고속도로 지분 86퍼센트를 가진 대주주라는 것을 알게 되었다. 공단은 서울고속도로에 3,000억 원이 넘는 돈을 빌려주고 20~48퍼센트의 이자를 받고 있었다. 2013년 서울고속도로는 1,200억 원을 벌었고, 공단에 1,300억 원을 이자로 지급했다. 서울고속도로는 만성적인 적자 구조로 최소운영수입보장(MRG) 지원을 받고 있지만, 적자의 책임을 통행료 인상과 최저임금 등으로 고속도로 이용 고객과 수납원에게 물어왔다. 한은미 씨는 서울외곽순환도로를 관리, 감독하는 곳이 용역업체와 서울고속도로, 국민연금공단까지 세 군데나 있는데도 자신들의 억울함을 말할 데가 없다며 답답해했다.

　"기가 막히고 억울하죠. 국민연금에서 서울고속도로가 운영하라고 용역을 준 거잖아요. 거기서 또 한덕에 용역을 준 거고. 국민연금은 실제 경영에 관여하고 있지 않다는 이유로 한발 빠져 있는 거고. 서울고속도로는 권한은 없죠. 서울고속도로 전체 인원이 41명이에요. 인건비가 31억이 책정돼 있어요. 톨게이트 수납원은 167명인데 인건비 책정 차제가 44억이에요. 관리라고 표현을 하지만 실제적으로 관리하고 일하는 건 우리잖아요. 국민연금은 또 뭐하고 있는 건지 모르겠고요."

　한은미 씨는 오전 근무가 끝나면 서울고속도로 본사가 있는 양주로 간다. 여러 사람들의 연대로 집회를 이어가고 있지만 야간 근무를 해가며 대화조차 허락하지 않는 회사를 상대하는 것은 쉽지 않다. 동료들은 불합리한 환경을 바꿔야 한다고 노조에 가입했지만 적극적으로 나서지는 못한다. 그녀 가족들 역시 노조활동을 반기는 분위기는 아니다. 그게 꼭 필요한 일이기는 하지만 적극적으로 앞에 나서지 않았으면 좋겠다며 활동을 만류하기도 한다. 녹록지 않은 노조활동에 그녀는 처음으로 신경성 위장병과 두통을 앓아야 했고, "부당하다는 생각으로 여기까지" 오긴 했지만 다시는 절대 하지 않을 거라고 몇 번이나 강조했다.

그럼에도 그녀는 회사와 싸우는 과정에서 지금까지 겪어보지 못한 새로운 길을 가고 있고, 회사와 직원들이 함께 커가고 있다고 느꼈다. 숱하게 그만두어야겠다는 생각을 하면서도 그럴 수 없는 건, 처음 노조를 만들자고 했을 때 손을 잡아준 동료들이 끝까지 믿고 따라 와주기 때문이었다. 그녀는 억울함을 말이라도 할 수 있게 된 것은 앞서 분신하고 투신해가면서 노동운동을 했던 사람들 덕분이라며, 자신도 "그들이 했던 것처럼 기성세대의 몫을 해야" 할 의무가 있다고 덧붙였다. 노동자들이, 그리고 자녀들이 살아갈 세상이 나아질 거라는 믿음으로 버티고 있다며 투쟁의 이유를 되새겼다.

"비정규직이라는 게 알고 보니까 앞이 안 보여요. 평범한 우리 아들은 어른들이 만들어놓은 비정규직 테두리 안에서 평생을 살아야 돼요. 집 한 칸도 살 수 없는 최악의 삶을…… 내가 사는 이 비정규직의 삶을 그대로 물려줘야 되는 거예요. 내가 살아본 비정규직 세월이, 이 대우가 만만치 않은데 나중에 애들한테 무슨 희망을 줘야 되나. 지금 싸워야 되지 않을까. 내가 유산이라고 물려줄 수 있는 게 그것밖에 없지 않을까 싶어요."

별다른 재주 없이
여성 노동자로 산다는 건

한은미 씨는 마트나 백화점에서 만나는 여성들을 보면 '측은한 마음'이 든다. 감정 노동자들의 고충을 알기 때문이다. 자신이 일하고 있을 때나 수납원이지 집에 가면 가족의 한 사람인 것처럼, 마트에서 일하는 여성들도 누군가의 부인이고 엄마라는 것을 생각하면 안타까웠다. 그런 동질감에서 비롯된 안타까움에 서비스센터에 항의 전화를 걸기도 한다. 회사가 노동자들 요구에는 모른 척하지만, 고객 항의나 민원에는 즉각적으로 반응하기 때문이다. 그녀는 이런 감정노동은 고객의 한마디에 조금씩 환경이 개선된다고 시원시원한 목소리로 말했다.

"다른 마트도 계산만 하는 게 아니라 인사를 많이 시켜요. '안녕하세요? 에브리데입니다. 어쩌고저쩌고……' 그럼 언니한테 '안 해도 돼요' 그래요. 아니까. 같은 마음이니까. 그러면 습관처럼 나온다고 말해요. 그러면 '언니네도 데모해라' 그랬지. 전화했어요, 사무실로. 물건 하나 사는데 말을 왜 이렇게 많이 시키냐고. 우리가 서로 서로 민원도 넣어주고 그래요. 고객이 뭔가 얘기해야 바뀌지."

그녀는 "주부들이 경력 단절에서 밖으로 나올 때 선택의 폭이 많지 않기 때문에" 일하려는 사람이 많고, 또 그래서 부당한 요구에도 쉽게 거절하지 못한다며 여성 노동자의 어려움을 토로했다. 그녀는 곧 노동자의날이 다가오는데, 이 나라에서 노동자로 사는 것이 어떠냐는 질문에 잠시 자신의 노동과 삶을 떠올려보는 듯 한숨을 내쉬며 속내를 전했다.

"우리나라에서 노동자로, 그것도 전문직이 아닌 별다른 재주 없이 여성 노동자로 산다는 건, 일도 해야 되고 가정도 이끌어나가야 되는 일이에요. 그래서 버겁고 벅찬 일이 아닐까…… 남편도 애들이 크고 하니까 그만두라는 말은 못하더라고요. 가장의 무게를 이제는 여성 노동자들이 같이 져가야 되잖아요."

선택의 기회가 없는 일터에서 쓰다 버리는 소모품처럼 일하면서도 '공동 가장의 책임'을 지고 있기에 쉽게 일을 그만둘 수가 없었다. 그렇다고 부당한 대우에 잠자코 있을 수는 없었다. 그녀는 공동 가장의 무게를 같이 지고 있는 만큼 자신의 노동을 인정하고 그에 맞는 대우를 해주기만을 바랐다. 그것은 비단 그녀뿐 아니라 모든 여성 노동자들의 바람이기도 할 것이다.

고속도로 위 마네킹처럼 앉아 있는 그녀들

후기

최근 사소한 휴대폰 요금 문제로 통신사 상담원과 통화를 할 일이 있었다. 별 문제는 아니었지만 일방적으로 서비스를 종료한 통신사에 어찌 된 일인지 따져 묻고 싶었다. 평소에도 회사가 제멋대로다 싶을 때마다 곧잘 있는 일이었다. 그럴 때마다 속 시원한 대답 한 번 못 듣고 회사의 방침이라는 말만 들어야 했다. 물론 갑자기 요금이 오르거나, 동의 없이 서비스를 종료한 것은 직원의 잘못이 아니다. 그런데도 나도 모르게 그들에게 잘못을 따져 묻고 있었다. 통신사 상담원의 죄송하다는 말에, 톨게이트 수납원이 떠올랐다. 좁은 부스에 앉아 통행료가 비싸다는 고객의 욕설에 연신 죄송하다고 머리를 숙이는 그 수납원들이 떠올라 더는 상담원에게 이유를 추궁할 수가 없었다.

그러고 보니 감정 노동자들이 회사가 들어야 할 불만과 욕설을 대신 들어주고 있다는 생각이 들었다. 그들은 잘못을 빌어야하는 자신의 일이 억울하면서도, 잘리지 않기 위해 기꺼이 화풀이 창구가 돼주었다. 회사는 노동자들의 친절을 방패 삼아 자신의 배만 불렸다. 그러나 고객의 불만과 요구는 회사를 향한 것이지 직원들의 친절함 문제가 아니다. "웃음으로 모든 걸 무마하는"거라던 한은미 씨의 말이 떠올랐다. 거대한 회사가 참으로 교묘하게 느껴졌다.

톨게이트 수납원들은 일을 할 때 생각을 비우고 습관처럼 웃는 얼굴을 한다고 했다. 노동자들이 꼭 친절해야 할 필요가 있을까? 회사뿐 아니라 고객들도 노동자라면 으레 그런 줄 알고 친절을 강요한다. 그 친절과 웃음에 점수를 매긴다고 하니, 더욱 미안해지고 불편해졌다. 노동자들이 자기 얼굴과 목소리로 일에 집중할 수 있으면 하고 바라본다.

그림자
청소부

K기업 청소 노동자 박봉순 씨

기록 정윤영

그들은 환경미화원으로도 불리고 청소 노동자로도 불린다. 나는 그들을 주로 자정이 넘은 시간이나 아침 일찍 보았다. 그들은 트럭 뒤에 매달려 쓰레기봉투를 차에 싣곤 했다. 그래서 청소 노동은 길가에 놓인 봉투를 트럭에 던지는 정도의 일일 것이라고 생각했다. 그저 새벽 시간에, 냄새 나는 쓰레기를 치우는 일이 쉽지는 않을 것이라 짐작했다. 우리는 매일 쓰레기를 버린다. 낮이고 밤이고 아무 때나 버리는 어마어마한 쓰레기들은 어느 사이엔가 치워진다. 아무도 보지 못하는 시간에. 그 많은 쓰레기들은 어디로 사라지는 것일까?

K기업 청소 노동자 박봉순(59) 씨. 그는 K기업에서 10년 가까이 일했다. 현재는 회사에서 해고되어, 강동구청 앞에서 복직을 요구하는 1인시위를 하고 있다. 그가 시위를 하고 있는 강동

구청 앞에서 그를 만났다. 그는 청소 노동을 하기 전까지는 이런 험난한 삶이 있는 걸 모르고 살았다고 했다. 그가 해고 노동자라는 이름을 갖게 되기까지 어떤 과정을 밟아왔는지, 그의 노동과 삶의 서사를 따라가보았다.

그는 어릴 때 부모님을 따라 서울로 왔다. 처음 자리를 잡은 곳은 창신동. 판자촌이 즐비한 동네였다. 부모님이 우체국 앞에서 편지봉투, 서류봉투 파는 일을 하셨고, 어린 박봉순은 부모님 옆에서 봉투 붙이는 일을 도우며 컸다. 초등학교에 들어갈 때쯤엔 물지게를 어깨에 지고 물을 긷는 등 온갖 심부름을 도맡아 했다.

성인이 되고부터는 장사를 오래했다. 처음 자양동에 노점을 깔고 꽃장사를 시작해서 도매시장 경매, 생수 판매, 갈빗집과 동네 슈퍼까지 30년 동안 장사만 했다. 도매시장 경매일은 15년 넘게 한 때문인지 손가락 경매와 주판 사용법은 지금도 기억이 난다. 그러다 대형마트가 생기면서 장사를 해서는 먹고살 수가 없었다. 그는 안정된 벌이를 위해 직장을 찾았고 할 수 없이 청소 일을 시작하게 됐다고 털어놨다.

"장사는 못하니까 안정되게 직장을 들어간 거지. 그때는 50대 초반이고 갈 만한 데가 없었어. 애초에 할 수 있는 거는 장사하고 운전밖에 없잖아. 운전, 주차 관리 이런 거 알아보다가…… 그것도 나이 많다고 안 쓰더라고. 계속 밀리고 밀리다가 시설공단 보니까 공원 관리가 있는 거야. 어쨌든 선택하게 된 거지. 좋아서 하는 것보다 할 게 없어서 할 수 없이 간 거고."

그림자 청소부

30년 하던 장사를 접고 처음 취직한 곳은 송파구 시설관리공단. 재활용 수거하는 일을 했다. 그는 오랫동안 "남의 밑에서 일해본 적이 없었기에" 첫 직장생활에 불만이 많았다. 다른 사람의 눈치를 봐야 하고, 하는 일에 비해 급여도 너무 적었다. 야간에 하는 청소 업무는 생활리듬을 모조리 깨뜨렸다. 긴 노동시간에 늘 쫓기듯 생활해야 했고 자기 시간도 없었다. 장사할 때는 느껴보지 못한 불편하고 불합리한 것들이 너무 많았다. 똑같은 일을 하면서 계약직이라는 이유로 다른 대우를 받는 게 무엇보다 억울했다.

그는 시설관리공단에서 1년 계약직으로 일했다. 공단에는 노동조합이 있었다. 박봉순 씨는 그때 계약직도 수당이 있다는 것을 처음 알게 됐다. 퇴직금은 받지 못했지만, 노조 덕분에 그동안 있는 줄도 몰랐던 토요 수당을 받을 수 있었다. 계약이 만료되고 비슷한 일을 찾았다. 그가 다음으로 찾은 곳이 강동구 K기업 청소 대행업체이다.

하루에 12시간 이상 노동하다

강동구청의 청소 대행업체를 맡고 있는 K기업에는 40명 정도의 작업원이 있다. 작업원 40명이 성내 1, 2, 3동과 둔촌동, 그리고 길동 일부를 청소한다. 작업원들은 재활용팀, 생활조팀, 폐가구팀 세 팀으로 나뉘어 있다. 재활용팀은 페트병이나 깡통 같은 쓰레기를, 생활조팀은 일반 쓰레기와 음식물 쓰레기를, 폐가구팀은 대형 폐기물을 담당한다. 작업원 둘과 덤프트럭을 운전하는 기사 한 명이 한 팀을 이루어서 작업한다.

박봉순 씨는 재활용팀에서 일을 시작했다. 작업원들은 리어카에 마대 자루를 싣고 골목을 돌아다니며 쓰레기를 담는다. 자루 하나가 꽉 차면 찻길 한 귀퉁이에 모아놓는다. 그렇게 모은 자루가 60~70개쯤 되면 덤프트럭이 온다. 트럭이 도착하는 시간은 새벽 1시. 딱히 정해진 출근시간은 없지만 트럭이 오기 전에 쓰레기를 모두 수거하려면 오후 5~6시에는 일을 시작해야 한다.

트럭이 오면 작업원들이 한 구역에 모여 상차 작업을 시작한다. 작업원 둘은 트럭에 올라가고, 또 둘은 아래에서 쓰레기를 던져준다. 작업원들이 4, 5단으로 쌓아올린 쓰레기는 2층 높이를 이룬다. 그는 위험한 줄은 알지만 조금이라도 일을 빨리 끝내기 위해 한 단이라도 더 올려야 한다고 전했다.

"모아놓은 걸 차에 실어야 되잖아. 차에 실은 걸 버리고 와야 되거든, 그러니까 세 사람씩은 꼭 타고 가는 거야. 둘은 위에서 쏟아내고, 밑에서 마대를 개갖고 다시 갖고 와야 되거든. 한 번에 다 못 실으니까 그렇게 하는데 다섯 번씩 왔다 갔다 하면 그것만 해도 열 시간이야."

쓰레기를 수거하고 집하장에 버리는 것까지, 일이 모두 끝나면 오후 2, 3시가 훌쩍 넘는다. 하루에 일하는 시간은 보통 16시간, 최근 트럭이 두 대 정도 늘어서 일하는 시간이 줄어들었다.

그래도 여전히 하루에 12시간 이상 일한다. 퇴근하고 얼마 안 있어 출근하는 게 번거롭고 피곤했다. 집이 먼 작업원들은 차라리 잠이라도 자두자는 생각에 아예 탈의실에서 쉬다가 출근하기도 한다.

12시간이 넘는 노동에 딱히 정해진 휴식시간은 없다. 컵라면으로 한 끼 때우고 담배 한 대 태우는 시간이 휴식이라면 휴식이다. 몸이 힘들다고 쉬엄쉬엄했다가는 일하는 시간만 더 길어진다. 명절 이틀을 쉬고 나오면 쓰레기 양이 말도 못하게 많아진다. 명절 같은 날엔 24시간을 꼬박 일하기 때문에 더 힘들다. 휴식시간이 휴식이 아니고 휴일이 휴일 같지 않았다. 일하면서 어떤 점이 불편하냐는 질문에 그는 휴식시간도, 휴가도 없는 근무조건을 꼽았다.

"이렇게 겨울에는 중간중간에 신문지라도 구해서 불이라도 쬐고. 오래 못 있으니까. 불 한 번 확 쬐고 또 가고. 여름에는 비 많이 와서 문제고. 물 들어가면 진짜 무거워. 눈이 오나 장마에도 쉬는 경우는 없어."

무거운 쓰레기를 실은 리어카를 장시간 끌고 다니다보면 다리가 후들거릴 정도로 힘이 든다. 쓰레기 수거를 오래한 작업원 중에는 다리를 절거나 관절염을 앓는 사람도 있다. 관절염은 무거운 리어카를 끌고 하루 종일 걸어서 생긴 일종의 직업병이었다. 하지만 관절염보다 더 위험한 것은 달리는 트럭에 매달려야 하는 작업 환경이었다. 상차 작업을 하면서 쓰레기 위로 떨어지는 일은 예사고, 트럭이 방지턱을 넘어갈 때마다 몸이 공중으로

해고된 청소노동자 박봉순 씨.
함께 식사하며 생활이 어렵지 않으냐는 조심스러운 질문에,
그는 이렇게 밥 먹고 있지 않으냐며 소탈하게 웃었다.
별게 다 걱정이라는 표정으로.

뜨기도 하고 종종 달리는 차에서 떨어지기도 한다.

박봉순 씨도 달리는 트럭 안에서 "죽을 뻔한 일"이 있었다. 재활용 자루를 차에 반쯤 싣고 트럭에 매달려 이동하는 중에 공중에 어지럽게 늘어진 전깃줄에 목이 걸렸다. 달리는 차 속도에 목에 걸린 줄을 빼낼 수가 없었고 차를 멈출 수도 없었다. 한참 달리다 차가 우회전할 때 줄에서 튕겨 떨어졌다. 다행히 자루가 있는 차 안으로 떨어져 크게 다치지는 않았지만, 전깃줄을 목에 걸치고 한참을 달린 탓에 살갗이 벗겨졌다. 다음날 출근했더니 회사는 "아유~ 어떻게 떨어졌냐?"고 한마디 할 뿐 작업원들 안전이나 건강 따위에는 전혀 관심이 없었다.

긴 노동시간과 고강도 업무, 위험한 작업환경 탓에 오래 일하는 사람이 없다고 박봉순 씨는 기가 찬 듯 웃었다.

"일이 빡세니까 사람이 잘 안 와. 10년 있는 동안 아마 이름 다 못 적을 거야. 하루 만에 가고 이틀 만에 가고. 반나절 만에, 상차 하기 전에 도망가는 사람도 많아. 1년 내내 광고가 나와. 구인 광고가."

청소 노동자들도 꺼려하는
음식물 쓰레기

박봉순 씨는 재활용팀에서 7년쯤 일한 뒤, 생활조로 옮겼다. K기업에서 일하는 작업원들은 누구나 잠과 싸워가며 무겁고 악취

나는 쓰레기를 차에 버린다. 하지만 재활용 쓰레기는 생활 쓰레기에 비해 무게도, 냄새도 덜했다. 일하는 시간도 적었다. 음식물 쓰레기를 담은 봉투는 악취도 심하고 무게도 많이 나갔다.

트럭이 음식물 쓰레기로 꽉 차면, 그 압력으로 봉투가 터지고야 만다. 그럼 부패한 음식물이 봉투를 뚫고 작업원 얼굴로 벼락처럼 쏟아진다. 작업원들은 얼굴로 튀는 음식물을 막을 새도, 닦을 새도 없다. 일이 끝나고 음식물 범벅이 된 얼굴을 보면 사람 꼴이 아니었다. 그는 음식물 쓰레기를 치우며 생길 수밖에 없는 고충들을 털어놓으며 몸서리를 쳤다.

"음식물 쓰레기를 치우는 사람들은 냄새가 역겨워서 환장하지. 막말로 여름 같은 때는 음식물 통을 열면, 허연 구더기가 손으로 막 올라와."

생활 쓰레기는 작업원들이 가장 꺼려하는 팀이다. 우선 일이 너무 힘들다. 일하는 시간도 다른 팀보다 두세 시간 더 길다. 그런데도 재활용팀이나 생활조팀이나 월급은 똑같다. 누구나 가지 않으려고 하기 때문에 제비뽑기로 정한다. K기업에서 일하면 누구든 생활조에서 일해야 한다. 그리고 생활조로 가면 힘은 들지만 생기는 것이 있다. 박봉순 씨는 생활조로 옮기면서 '따방'이라는 것을 처음 알았다.

"음식점에선 쓰레기봉투에 버리기 힘들다고 해. 그래서 통을 하나 주면 거기에 쓰레기를 부어. 그리고 봉투값을 작업원들한테 대신 주는 거야. 한 달에 만 원도 주고, 많이 나오면 조금 더 주고. 그렇게 회사를 안 끼고 개인이 받는 게 따방이야."

뼈다귀나 조개껍질 같은 쓰레기는 종량제 봉투에 담으면 봉투가 터지기 일쑤다. 작업원들은 매번 터진 음식 쓰레기를 주워 담아야 했고, 식당에선 종량제 봉투에 버리는 것 말고는 방법이 없었다. 종량제 봉투 대신에 통을 사용하고 봉투값을 작업원들이 대신 받기로 했다. 이런 사실을 회사도 알고 있었다. 회사에서 통을 마련해주기도 했다.

작업원들은 '따방'이 불법이라는 생각은 하지 못했다. 월급 200만 원을 받는 작업원들은 회사가 주는 야식비쯤으로 여기고 수고에 대한 대가 정도로 생각했다. 회사는 '따방'을 묵인하는 대신 작업원들에게 수당을 더 주지 않아도 되었고, 식당은 편하게 쓰레기를 버릴 수 있어서 좋았다. 수십 년 동안 '따방'이 관행처럼 이어져 오게 된 이유였다.

K기업 노동자들이 겪는 어려움은 긴 노동시간에 야간근무, 더럽고 냄새 나는 쓰레기, '따방'을 해야만 하는 환경만이 아니었다. 노동자들은 몇 년 전까지만 해도 길거리에서 작업복을 갈아입었다. 이후 쓰지 않는 버려진 컨테이너 박스나 공터를 탈의실처럼 사용하다가 3년 전에 휴게 공간을 얻었다. 지금 사용하는 반지하 휴게실은 회사가 아닌 강동구청에서 마련해줬다. 작업원들은 이제 길에서 옷을 갈아입지 않아도 되었지만, 휴게실은 샤워조차 할 수 없는 좁은 공간이었다. 방에 있으면 바퀴벌레와 같이 사는 것 같았다. 작업원들은 이곳을 출퇴근 시간에 잠깐씩 들러 옷만 갈아입는 탈의실로 사용한다.

작업복과 장갑, 작업화는 작업원 사비로 사서 쓴다. 구청은 1

년에 작업복 4벌, 작업화 2켤레와 모자 2개, 장갑은 매월 10개를 지급하라고 했지만 회사는 제대로 지키지 않았다. 작업화는 아예 지급조차 하지 않았다. 작업원들은 어쩔 수 없이 사서 신거나 사람들이 내다버린 옷, 신발 따위를 주웠다. 줄곧 웃는 얼굴로 이야기하던 박봉순 씨는 K기업의 열악한 환경을 떠올리며 처음으로 크게 한숨을 내뱉었다.

"식사는 근처에서 24시간 하는 데서 먹거나 편의점에서 컵라면 먹고. 식비도 안 나오지. 식대라고 급여명세표에는 있는데, 급여 짜 맞추는 거고 다 사먹어야 돼. 하루에 보통 만 원은 들어."

노동자들은 입사할 때 근로계약서를 작성하지 않거나, 작성했더라도 계약서를 받지 못했다. 이 때문에 노동조건을 정확하게 알지 못한 채 일해왔다. 노동자들은 휴가도 연차도, 각종 수당도 제대로 받지 못했다. 그렇게 받지 못한 임금이 5억 원에 가까웠다. 노동자들은 받아야 할 임금이 있다는 것도 모른 채 회사가 시키는 대로 일하고 주는 대로 받았다.

작업원 한 명이 그만둬도 회사는 새로 사람을 뽑지 않았다. 빠진 사람 몫을 다른 노동자들이 분담하라고 요구했다. 한 명이 빠진 만큼 노동량도 노동시간도 늘어났지만 수당은 없었다. 인원이 부족하다는 이유로 휴가도 없었고 연차도 마음대로 쓰지 못했다.

"야간수당이고 이런 걸 형식적으로만 주고. 다 떼먹는 거야. 원래 구청에서야 정상적으로 나오는데 회사에서 커트해서 먹고 있는 거지."

노조 가입했다는 이유로 해고되다

일이 너무 힘들어 그만두는 작업원들이 많아지자, 회사는 덤프 트럭 기사들의 출근 시간을 앞당겼다. 새벽 1시에 출근해서 트럭을 운전하던 기사들은 밤 9, 10시에 나와 쓰레기 버리는 일을 해야 했다. 기사들은 회사의 부당한 요구에 불만을 감추지 못했고, 이를 계기로 노조를 만들었다. 그게 2013년 11월 2일이었다.

박봉순 씨는 입사하고 나서부터 노동조합을 만들려고 노력했다. 작업원은 항상 너무 부족했고, 회사는 사람을 알아보겠다는 약속만 반복했다. 그는 회사에 이야기해봤자 소용이 없다고 생각했고, 노조가 필요하다는 걸 절실히 느꼈다. 하지만 사람이 3명만 모여도 누군가 회사에 일러바치는 바람에 시작도 못하고 거부당했다.

노조를 만들고 가장 먼저 단체교섭을 요구하자 K기업에는 이미 노조가 있고 2013년에 단협까지 체결했다며 교섭을 거부했다. 그러나 회사가 말한 노조는 어용노조라고 하기도 민망한 수준이었다. 회사는 새로 입사한 작업원들에게 친목회 명목으로 매달 2만 원씩 걷었는데, 그렇게 거둬들인 돈을 과장이 관리했다. 매달 돈만 걷고 아무것도 하지 않자 친목회는 곧 깨졌다. 그렇게 깨진 친목회가 노조로 탈바꿈해 있었다. 노조 위원장을 맡은 과장은 사장의 친동생이다. 회사에 다닌 노동자들 중 노조가 있다는 것을 아는 사람은 단 한 명도 없었다.

작업원들은 노동조합을 만든 후 8시간 근무를 준수하기 시작했다. 12시간 이상 일하던 작업원들이 8시간을 일하자 회사는 이를 불법 태업이라며 벌금을 물렸다. 또 노조에 가입한 작업원들에게 탈퇴를 강요했는데, 이 과정에서 조합원 2명을 3일 동안 회사 건물 빈 사무실에 감금하기도 했다. 감금을 당하고 해고의 협박에 못 이긴 조합원들은 노조를 탈퇴하기 시작했다. 박봉순 씨는 정년퇴직이라는 이유로 해고되었다. 하지만 새로 채용된 작업원은 67세, 박봉순 씨보다도 나이가 많았다. 노조를 만든 지 한 달도 안 돼 생긴 일이었다. 그는 생계가 막막한 작업원들이 해고가 두려워 노조를 탈퇴했지만, 그들 역시도 불이익을 받고 있다며 안타까워했다.

"분회장한테는 탈퇴하면 다 봐주겠다고 해서 탈퇴했는데 벌금 나왔고. 또 한 사람은 두 달만 쉬다 오라고 해놓고 해고하고, 벌금까지 나왔어. 그런 식으로 4명이 나갔지. 노조 가입했다는 이유로 거의 해고됐지."

작업원들을 해고시키고 일손이 부족해지자, 회사는 일용직을 고용했다. 인력회사에서 파견된 사람들은 일당 13만 원을 받는다. 회사는 그들의 8시간 근무를 정확히 지켜주고 야간수당도 빼먹지 않았다. K기업에 입사한 작업원들은 일당 7만 원을 받고 일한다. 박봉순 씨는 차라리 퇴사하고 인력회사에서 일하는 것이 낫겠다며 "우리한테는 그렇게 일을 시켜먹고도 안 주는 이유를 모르겠다"고 토로했다.

처음 작업원들이 노동조합을 만든 것은 기본적인 수준의 권

편지 투쟁으로
저는 고려장업

노동자

뜻을 함께

오늘

왜?

"통곡하는 목소리 ; 저희 대한민국. 도움받는 나라
에서 이제는 도움을 주는 대한민국 다짐니까

고려정업 청소 노동자들 장장 30년 넘게
엄청나게 고생많이 했다고 생각합니다

존경하는 이학수 구청장님 ; 고려정업 연구노총
일반노조 조합원 노동자나

구청장님 결단에 달려있다. 살고 죽다 —끝—

고려정업 청소노동자들이 "해원하는 목소리

리조차 보장받지 못했기 때문이었다. 그들이 노조를 만들어 회사에 요구한 내용들은 아주 단순하고 당연한 것들이었다. 그러나 회사가 교섭을 미루고 노조를 탄압하는 과정에서 K기업의 비리와 노동법 위반 등이 하나둘 드러나기 시작했다.

"애초에 요구 사항은 여덟 가지 정도야. 휴게시간 정확히 줘라, 휴가, 연차 제대로 쓰게 해줘라, 신발과 작업복 제대로 줘라, 이런 거였다고 처음엔. 해줄 거면 문서화를 하자 했더니 하나도 안 해준 거야. 일이 커지다보니까 비리가 드러나고, 유령 직원도 캐내고⋯⋯ 그러면서 커진 거지."

회사에서 청소 노동자에게 지급하는 월급은 두 종류이다. 하나는 종량제 봉투값. 회사는 종량제 봉투 판매 금액으로 작업원 월급을 충당한다. 또 하나는 구청 지원금. 생활조팀은 종량제 봉투값으로 마련하는 반면, 재활용팀의 월급은 전액을 구청에서 지원해준다. 구청에서 얼마를 지원받는지, 종량제 판매 금액이 얼마인지는 모르지만 '어마어마하다'고만 들었다.

구청 소속 청소 노동자들은 한 구역을 9명이 청소하는 데 비해 K기업 노동자들은 4명이 청소한다. 구청은 K기업에 9명에 해당하는 월급을 지급한다. 나머지 5명의 월급은 용역업체 관리자들의 몫이 되었다. 과장은 K기업의 사장의 친동생이고, 상무는 사장의 아들이다. 회사는 사장의 친인척과 지인을 사원으로 등록해 매달 월급을 지급했다. 노동자들이 받아야 할 월급이 유령 직원에게 돌아갔다고 박봉순 씨는 말한다.

"유령 직원은 사장의 제수와 며느리, 또 암사동에서 구의원

했던 사람이야. 가족들한테 그냥 이사 직위 줘서 월급 많이 주고. 난 10년 가까이 일했는데 누군지 알지도 못해. 사장, 전직 구의원, 이해식(현 강동구청장) 셋이 구의원 할 때 호남향우회 만들었지. 구청에서 K기업 문제를 해결 못하는 게 고리가 깊거든."

강동구청의 청소 용역 30년 동안 노동자들의 월급을 어떤 사람들이 얼마나 나눠 가졌는지 알지 못한다. 그저 사장 인맥으로 회사를 거쳐 간 사람들이 '다 먹은 것'이라고 짐작만 할 뿐이다. 2014년 12월 23일 K기업은 유령 직원에게 급여를 지급한 혐의로 벌금 500만 원의 약식기소 처분을 받았다. 그러나 회사는 이것도 사실과 다르다며 박봉순 씨를 명예훼손으로 고소했다.

강동구청은 30년 동안 K기업과 수의계약을 맺어왔다. 그런 탓에 어떤 기준과 과정을 거쳐 계약을 맺는지 노동자들이 알 방법이 없었다. 다만 구청장과 K기업 사장이 같은 시기에 구의원을 지냈고, 또 같은 향우회 소속이라는 사실만은 분명했다. 구청이 K기업의 비리와 체불 문제를 잘 알고 있으면서도 나서지 못하는 이유를 짐작하게 하는 배경이다. 구청장은 조합원들이 직접고용을 요구할 때마다 '이건 사 측의 고유 권한이지 우리가 관여할 게 아니라고 발뺌'만 하고 있다. 또 K기업의 비리와 위법 사항이 드러나면 퇴출시키겠다고 약속했음에도, 아직까지 이러저러한 핑계로 지키지 않고 있다.

조합원들의 요구는 체불임금 지급과 '따방' 금지, 노동자 복직과 K기업 퇴출로 바뀌었다. K기업 사태를 알게 된 강동 구민들과 시민단체들도 K기업 퇴출을 요구하며 구청장을 규탄하는 시위에 함께했다. 그 뒤 지방선거 2주를 앞두고 해고자 전원이 복직되었다.

복직보다 더 큰 희망,
인간됨의 존엄을 누리는 것

박봉순 씨는 복직된 지 4개월 만에 다시 해고됐다. 이번에는 '따방', 그러니까 조합원들이 회사 모르게 뒷돈을 챙겼다는 이유였다. 하지만 그는 노조를 만든 이후 '따방'을 한 적이 없었다. 오히려 '따방'을 감시하고 신고한 것은 조합원들이었다. 자신들의 '권리를 요구하려면 노동자가 먼저 깨끗해야 한다'고 생각했기 때문이었다. 그는 이럴 거면 4개월 전에 왜 복직시켰는지 도무지 이해가 되지 않았다. 지금도 '따방'을 하는 작업원들이 있지만 다 해고된 것은 아니라며, 회사가 자신을 해고한 데에는 다른 이유가 있다고 했다.

"회사가 '따방' 건 때문에 과태료를 400만 원 물었어. 노조가 그거 파헤쳐서 과태료 물었다고 그거 절대 용서 안 한다는 말까지 했어. 보복전이야 지금."

박봉순 씨와 해고 노동자들은 사는 게 사는 것 같지 않다. 실업급여는 지난번 해고로 다 써버렸고, 벌금 500만 원을 내야 한다. 하루 벌어 하루 먹는 노동자들에게 해고는 살인이라는 말이 뼈아프게 다가왔다. 가족들에게도 상황을 정확하게 전하지 못했다. 처음 장사할 때부터 시작했던 보험도 해지하고 대출을 받아 생활한다. 부인에게는 곧 취직하겠다고 약속은 했지만 시위를 멈출 수는 없다. 그러나 그가 투쟁을 멈추지 않는 것은 복직하려고, 체불임금을 받으려고, 혼자 살자고 하는 게 아니다. 노동자를 탄압하는 K기업을 고쳐주고 싶었고 노동자들이 사람 대접 받았으면 했다. 그것이 '깨어 있는 노동자'로서 꼭 하고 싶은 일이었다. 끝까지, 이루어질 때까지 싸울 거라고 말할 때 그는 아주 단호해 보였다.

"가진 자 횡포도 심하고 너무 아무것도 모르고 살아서 지금부터 고쳐 나가는 게 쉽진 않겠구나 싶어. 오랜 싸움이 되겠구나 생각해. 슬프지. 근데 내 생애에는 원하는 대로 하나도 안 될 거 같아. 얼마나 발 벗고 더 싸울지 몰라도. 아, 그래도 싸워야지. 난 어차피 즐기기로 했으니까 즐기는 거야."

박봉순 씨는 강동 구민들과 시민단체가 함께했기에 "여기까지 왔고 또 복직도 되었다"고 확신했다. 현재 조합원들은 사회적기업을 만들어 2015년 5월에 있을 청소대행업체 공개 입찰을 준비하고 있다. 처음 노동환경을 개선해달라는 요구에서 시작한 노동자들은 이제 삶을 착취당하지 않고 인간됨의 존엄을 누리며 노동할 수 있다는 것을 실현해 보이고 싶었다. 그 의지와 희망으로 그는 매일 강동구청 앞, 구민들을 만나러 거리로 나간다.

후기

2014년 12월 31일 강동구청 앞. K기업 퇴출을 요구하는 기자 회견에 많은 사람들이 모였다. 해고된 청소 노동자부터 해고되지 않은 동료들, 비슷한 처지의 노동자들과 강동구 구민들까지 그들의 목소리는 하나였다. 사람답게 떳떳하게 일하고 싶다는 것. 해고 노동자를 만나기 위해 몇 번쯤 더 강동구청을 찾았을 때에도 항상 누군가 함께 있었다. 연대하는 버스 운전기사, 동네 교회 목사님, 강동구에 사는 주부와 청년들. K기업을 생각하면, 노동자들 곁에 있던 사람들의 얼굴도 함께 떠올랐다. 해고 노동자가 들려준 쓰레기 청소는 그 노동 강도와 업무 환경에서 상상을 초월했다. 그렇게 일하는 것이 정말로 가능한지 자꾸 묻게 될 만큼 고달픈 일이었다. 그럼에도 해고 노동자들은 분노와 억울함보다 함께하는 사람들을 향한 고마움이 더 컸다. 사람들 때문에 해고되었어도 웃을 수 있었고, 끝이 보이지 않는 싸움에도 지치지 않았다.

기자회견이 끝나고 K기업 청소 노동자들과 함께 식사하는 자리가 있었다. 거기에 모인 청소 노동자 4명의 오른손은 모두 박봉순 씨의 그것과 비슷했다. 그를 처음 만났을 때도 가장 먼저 그의 오른손이 눈에 들어왔다. 손바닥엔 커다란 굳은살이 박여 있고, 손가락 마디마디 역시 울퉁불퉁 갈라져 있었다. 죄 벌어지고 거무스름해진 손톱은 기형적으로 두꺼웠다. 그 손톱의 두께

와 거무튀튀한 색깔이 청소 노동의 강도를 말해주는 듯했다. 그는 리어카를 끌고 다니느라 손에 굳은살이 생긴 것이라며, 장갑을 껴도 소용이 없다고 얘기했다. 또 장갑을 오래 끼면 습기가 차서 손톱과 손이 늘 엉망이라고 머쓱해했다.

고된 노동이 손에 오롯이 박인 것이라고 생각했으면서도 한 자리에 앉은 청소 노동자 넷의 오른손 굳은살이, 손톱 색깔이 비슷한 것을 보았을 때 머리가 띵하고 얼떨떨했다. 마치 직업병을 앓고 있듯 똑같은 손톱을 보니, 불가능해 보이던 그들의 고단한 노동이 현실적으로 다가왔다. 그리고 나는 그들의 손을 보고 나서야 청소 노동을 하는 누군가가 내가 버린 쓰레기를 치운다는 걸 깨달았다. 그 손이 고맙고 미안해서 두 손으로 꼭 잡아보았다.

아홉 번째 이야기

몸으로 익혀온
삶의 철학

보조출연자 문계순 씨

기록 신정임

생활정보지가 그녀의 인생을 갈랐다. 2006년 6월 29일 아침이었
다. 아침밥 설거지를 마치고 차 한 잔을 든 채 거실 소파에 앉았
다. 탁자 위에 생활정보지 〈교차로〉가 놓여 있었다. 마침 일자리
를 알아볼 참이던 그녀는 구인구직란을 살폈다. '월수입 200만
원 보장'이란 문구가 매직아이처럼 눈에 확 들어왔다. 하는 일도
마음에 들었다. TV 보조출연. 텔레비전에 나오는 일이잖아. 방송
사 일이니 어련히 잘해주겠지. 기대가 컸다. 받아만 준다면 제2
의 인생을 살 수도 있겠구나. 그녀의 나이, 쉰한 살이었다. 떨리
는 마음으로 광고지 속 문의처로 전화를 걸었다.

　"제 나이가 50이 넘었는데 괜찮습니까?"

　"네, 상관없습니다. 소개비 3만 원과 사진 두 장만 가지고 사
무실로 나오세요."

점심을 먹고 사무실을 찾아가자 담당자가 바로 "오늘 갈 수 있어요?"라고 물었다. 답을 생각할 필요가 없었다.

"네, 갈 수 있어요."

"그럼 오늘 밤 11시까지 KBS별관으로 나오세요."

그해 1월부터 방송되던 KBS드라마 〈서울 1945〉에 출연한다는 거였다. 뭔 일을 이렇게 쉽게 주나. 일이 술술 풀려 꿈만 같았다. 집에는 "나 텔레비전에 나온다"는 자랑으로 취직 소식을 전한 후 그날 밤 KBS별관으로 향했다. 별관 앞에는 대형버스 10여 대가 죽 늘어서 있고 400~500명은 됨직한 사람들이 모여 있었다. 이렇게 많은 사람들이 함께 일을 하는구나. 마음이 설레었다. 어느새 여의도를 출발한 버스가 고속도로로 들어섰다. 아침만 해도 생각지 못했던 길 위에 그녀가 있었다. 그렇게 또 다른 인생으로 빨려들어갔다.

TV에 나온다고 좋아했다가
꼬박 72시간 촬영장에 붙잡혀

밤새 달린 버스가 새벽 어스름 속에 멈춰 섰다. 지금은 합천영상테마파크가 된 드라마 세트장이었다. 처음 보는 촬영 세트장은 장관이었다. 몇 만 평은 돼 보이는 땅이 해방 직후의 대한민국으로 바뀌어 있었다. 일본풍의 건물들 사이로 전차가 보였다. 카메라, 조명 등 방송장비들도 곳곳에 있었다. 수많은 사람들이 바삐

몸으로 익혀온 삶의 철학

오갔다. 생전 처음 보는 신기한 것투성이였다. 자연스레 입이 벌어졌다.

자꾸 눈이 돌아갔지만 감탄할 새가 없었다. 보조출연 업체에서 나온 현장 책임자인 반장이 갈아입으라고 옷을 줬다. 보따리를 이고 피란 가는 피란민이 되었다.

"어이, 거기 아줌마는 여기서 저기로 걸어가."

걷는 게 뭐 어려운 일이랴. 사람들에 파묻혀 평소처럼 걸어갔다. 바로 '컷' 소리가 들려왔다. 걷기만 했는데 일당이 나오는 건가. 안정만 되면 재미있는 직업이겠네. 하지만 이 생각이 바뀌는 데는 그리 오래 걸리지 않았다. 보조출연 업체는 집합 시간만 알렸지 끝나는 시간을 일러주지 않았던 것이다.

새벽부터 시작한 촬영이 끝날 기미가 보이지 않았다. 바로 다음날 갈 줄 알았던 집에 못 들어간다고 연락하길 세 차례. 꼬박 72시간을 촬영장에 붙잡혀 있었다. 그 시간 동안 등을 땅에 눕히지 못했다. 서서 졸고 찍으면서 꾸벅거렸다. 쪼그려 앉아서 잠깐 눈을 붙일 때면 그렇게 고마울 수가 없었다.

일하는 환경도 열악했다. 그녀는 하루에도 몇 번씩 옷을 갈아입었다. 여군 장교도 됐다가 간호사도 됐다. 남한 주민이었다가 금세 북한 주민으로 탈바꿈했다. 그런데 탈의실이 없었다. 허허벌판에서 남녀가 뒤엉켜 서로 시선만 피한 채 맨살을 드러내며 옷을 갈아입어야 했다. 변변한 화장실도 없어서 사람들은 근처 밭이나 산에 가서 볼일을 봤다.

그뿐 아니다. 한여름에 겨울신을 찍었다. 삼복더위에 추위에 덜덜 떠는 연기를 해야 했다. 기온이 30도가 넘는 땡볕에서 두 툼한 외투를 입고 털모자를 쓴 채 땀을 뻘뻘 흘리면서 촬영했다. 옷을 벗으면 온몸에 땀띠가 돋았다. 하루 종일 물 한 모금 마시지 못했다. 그러다가 한 출연자가 갈증을 호소하며 쓰러졌다. 현장 반장은 구급차를 부르는 대신 "간질 환자니까 놔두면 괜찮다"는 말만 한 채 촬영을 계속 이어갔다.

가장 견디기 힘든 건 촬영장에서 일상화된 언어폭력이었다. 20~30대의 반장들은 아이, 어른 할 것 없이 '야, 자'는 기본, '이 새끼, 저 새끼'라고 불렀다. 감독이 "아까 백성 역할 했던 그 새끼 데려와"라고 하면, 반장이 그대로 60~70대 어르신에게 "아까 백성 역할 했던 새끼 나와"라고 되받아쳤다. 그렇게 무시하고 죄수 다루듯 할 때면 '촬영장이 꼭 포로수용소 같다'는 생각이 들었다. 70년대도 이러지는 않았는데 너무한 거 아냐. 자꾸만 뭔가 잘못된 것 같다는 생각을 지울 수가 없었다.

'월수입 200만 원'도 딴 세상 얘기였다. 첫 촬영 3일 동안 잠도 못 자고 일한 그녀의 손엔 달랑 3만 원이 쥐어졌다. 사람들이 한 달에 200여 시간을 일해 받는 돈이 겨우 70~80만 원이었다. 시간이 지나면 일당도 오르고 대우도 나아지지 않을까. 스스로를 다독이며 반장이 일 나오라는 문자 메시지를 보내오면 부리나케 달려나갔다. 즉각 답하지 않으면 1주일, 열흘씩 일이 주어지지 않았기 때문이다.

무거운 마음을 애써 외면한 채 일하길 두 달여, 기어이 일이 터졌다. 9월 7일 밤이었다. 일이 끝난 보조출연자 100여 명이 촬

몸으로 익혀온 삶의 철학

영장에서 돌아갈 채비를 하고 있었다. 그런데 반장이 와서 15명이 철야를 해야 하니 나머지 사람들도 기다리라고 했다. "언제 끝날지 모른다, 기다리는 시간은 일당을 쳐주지 않는다"는 반장의 말에 사람들이 들고일어났다.

"그게 지금 말이라고 하는 겁니까?"

두 시간 가까이 싸우고 나서야 겨우 버스를 탈 수 있었다. KBS별관 앞에 도착한 시간은 새벽 2시경. 여기저기서 불만이 쏟아졌다.

"우리가 계속 이렇게 당하고만 있을 게 아니다."

"방송사나 용역회사나 해도해도 너무한다."

그때 그녀가 나섰다.

"우리끼리 불만만 토한다고 해결되나요? 어떻게 하면 보조출연자들의 처우를 개선할 수 있을지 방법을 찾아봅시다."

그녀의 주도로 사람들이 머리를 맞댔다. 보조출연자들의 열악한 현실을 알리기 위해 다섯 군데를 찾아가자고 의견이 모였다. 청와대와 국회, 양대 노총과 인권위원회였다. 그중 우선 노동조합부터 가보기로 했다. 동이 터 올랐다.

"지금은 집에 갔다가 9시에 여기에서 다시 모이기로 합시다. 단 한 명만 와도 저는 가겠습니다. 이따가 오든 못 오든 여기에 함께한다는 연대서명을 해주세요."

그녀가 말을 하면서 빈 종이를 내밀자 모였던 54명이 모두 이름을 적었다. 다들 이따가 보자면서 헤어졌다. 집에 가서 옷만 갈아입고 나온 그녀가 KBS별관에 도착하자 한 명 두 명 얼굴을

문계순 씨는 2006년 6월, KBS드라마 <서울 1945>에 출연하면서 보조출연 일을
시작했다. 당시 촬영 중 함께했던 동료들과 찍은 사진. 가운데가 문계순 씨.

사진 - 전국보조출연자노조

내밀었다. 그녀를 포함해 총 8명이 모였다. 이제 새벽녘의 결정대로 노총을 찾아가야 할 차례다. 사무실이 바로 여의도에 있던 한국노총으로 가기로 했다. 처음 가는 곳이었지만 어떻게든 보조출연자의 실상을 알려야 한다는 마음에 별 두려움도 없었다.

"저기요. 억울한 일이 있어서 상담 좀 하려고 왔는데요."

사무실에 들어서 아무나 붙잡고 얘기했다. 그러자 상담소장이라는 간부가 회의실로 안내했다. 회의실에 앉자마자 8명은 보조출연자들의 어려움을 한꺼번에 토해냈다. 찬찬히 이야기를 듣던 상담소장은 결론처럼 한마디 했다.

"그러면 노조를 만드는 게 어때요?"

그 말에 8명은 올 게 왔다는 듯 '노동조합 설립'을 과제로 받아안았다. 노조 위원장은 지금껏 논의를 이끌어온 그녀를 추대하는 것으로 자연스럽게 분위기가 모였다. 그날부터 그녀의 이름, 문계순 뒤에는 전국보조출연자노동조합 위원장이라는 직책이 따라붙었다.

원풍모방에서 떠난 지 25년
다시 노조를 만들다

그녀가 촬영장에서 70년대를 떠올린 이유가 있다. 공교롭게도 첫 촬영지였던 경남 합천은 그녀의 고향이기도 하다. 중학교까지 합천에서 자랐다. 면소재지에 하나밖에 없던 중학교로 통학

하느라 매일 여행을 했다. 왕복 40리 길을 산을 넘고 재를 지나 강을 건너 다녔다. 다시 그 지긋지긋한 길을 걷지 않아도 된다는 사실만으로도 중학교를 졸업하는 게 신이 났다. 빨리 돈을 벌고 싶었다. 시집 갈 밑천이나 벌어두자는 심사로 서울행 열차에 몸을 실었다. 열일곱 살이 된 1972년 3월이었다.

바로 직장을 구하러 구로공단을 돌아다녔다. 한 방직공장에서 양성공을 모집한다는 소식을 듣고 찾아갔다. 3개월 양성공으로 일하고 정직원이 되기 직전이었다. 그때 다니던 야학에서 공부를 가르쳐주던 대학생 오빠가 말했다.

"이왕 공장에 다니는 거 노동조합이 있는 곳에서 일하는 게 어때? 원풍모방이 노조가 잘돼 있다고 하던데……"

노동조합이 뭔지도 몰랐지만 야학 선생님들의 말을 하늘처럼 받들던 때라 공장 옮기길 주저하지 않았다. 때마침 원풍모방에서 기능공을 뽑고 있었다. 그동안 배운 베틀 짜는 기술을 선보이고 무난히 합격했다.

원풍모방에서 보낸 생활은 즐거웠다. 각종 모임이 많았다. 동기 모임은 물론 등산 등 취미 모임도 다양했다. 일이 끝난 후이 모임 저 모임에 나가며 사람들과 어울렸다. 고향을 떠나왔지만 외로운 줄 몰랐다. 시간이 지나면서 그런 모임들이 노동조합에서 하는 거라는 걸 알았다. 자연스럽게 대의원, 상집간부가 됐다.

노동조합 간부가 되면서 영등포 도시산업선교회(영등포 산선)를 들락거렸다. 그곳에서 해태제과, 롯데제과 등 근처 사업장의 노동자들도 만났다. 동일방직, YH무역 등 노동자들의 투쟁에도 함께했다. 최루탄을 맞아가며 종로, 연세대 앞을 뛰었다. 아예 도로에 앉아 연좌투쟁을 할 때도 있었다. 옆 사람과 어깨를 걸고 '흔들리지 않게'나 유행가 가사를 바꿔 부를 때면 가슴이 뜨거워졌다.

흔한 말로 '엄혹한' 시절이었지만 서슬 퍼런 독재정권 속에서도 꿋꿋하게 버텼다. 그러나 권력은 힘이 셌다. 70년대 민주노조 중 마지막까지 남아 있던 원풍모방노조는 1982년 전두환 신군부에 의해 강제 해산된다. 원풍모방노조는 이후에도 법외노조로 남아 싸움을 이어가지만 힘이 많이 빠졌다. 독재에 의해 막힌 길을 어떻게 뚫을지 활동가들도 갈팡질팡했다.

그녀 역시 고민에 휩싸였다. 그즈음 지금의 남편을 만났다. 당시엔 '노처녀' 소리를 듣던 스물여덟 살이었다. 만난 지 6개월 만인 1983년 11월, 식을 올렸다. 그와 함께 공장도 나왔다. 결혼이 유일한 살 길처럼 느껴졌던 것이다.

그렇다고 결혼생활이 쉽지만은 않았다. 남편이 종갓집 장손이었다. 신혼여행도 멀리 갈 수 없어 인천 앞바다에서 하룻밤만 잤다. "집안에 새 사람이 들어오면 이틀 안에 조상님께 인사드려야 한다"는 집안 풍습 때문이었다. 신혼여행을 다녀오니 28가지 음식이 오른 제사상이 차려 있었다. 앞으로는 그녀의 일이 될 제사 음식들이었다. 신혼 초에는 밥상 차리는 것도 일이었다. 시할머니까지 4대 16명이 한 집에 사는 대가족이었다. 삼시 세끼 차려내는 것도 힘든데 1년에 12번 있는 제사에, 가족 생일,

명절 등 연중 행사가 없는 달이 없었다. 그때마다 6촌 당숙까지 40~50명이 모였다. LPG 가스통을 보름에 한 통씩 바꿨다. 가스통 배달부가 "무슨 집이 식당보다 가스를 더 많이 쓰냐"며 놀라워했다.

몸이 버텨내질 못했다. 위로는 코피를 쏟고 아래로는 하혈을 했다. 부엌에 쪼그리고 앉아 설거지를 할 때면 도망가고 싶다는 마음이 들기도 했다. 그나마 버텨낸 건 원풍모방노조 때 늘어난 깡다구 덕분이었다. 악착같이 살아냈다.

결혼생활에 어느 정도 적응할 무렵 또 다른 시련이 닥쳤다. 온 나라를 뒤흔들었던 IMF의 어둠이 그녀의 집안에도 드리운 것. 작은 사업을 하던 남편의 회사가 흔들리더니 부도를 맞았다. 사업체를 정리하고 살던 집까지 내놓았다. 결혼 후 몇 년 만에 분가했던 시댁으로 다시 들어갔다. 당장 먹고살 길을 찾아야 했다. 연년생으로 낳은 딸과 아들이 초등학교 6학년, 5학년일 때다.

다행히 지인이 하던 전주 한정식집을 대신 운영하게 됐다. 48첩 상을 차려내야 하는 일이었지만 워낙 많은 식구들의 상차림에 익숙했던 그녀는 큰 어려움 없이 식당을 꾸려갔다. 하루하루 정성껏 상을 차리다보니 어느새 10년이 흘렀다. 그사이 아이들은 대학을 마쳤다. 식당 건물이 리모델링에 들어가자 주저 없이 손을 털고 나왔다. 자식들이 다 컸으니 큰돈 들어갈 곳이 없었다. 밥값 정도만 벌면 됐다. 그때 그녀가 다시 찾은 일이 바로 보조출연이었다.

영등포 산선에서 공부할 때 신부님이나 선배들은 항상 말했다.

"원풍모방에 머무르지 말고 다른 현장에 가서 노동조합을 만드십시오."

결혼을 하면서 그 당부를 따르지 못했다. 하지만 세상을 바꾸고 싶다는 꿈은 늘 그녀의 가슴속에 있었다. 아이들이 조금만 크면 공장에 다시 갈 생각이었다. 생활에 치이다보니 꿈만 간직한 채 25년이 흘렀다. 그러다가 전국보조출연자노조를 만들면서 다시 그녀의 꿈이 빛을 발했다. 25년 전엔 뭣도 모르고 선배들을 따라 다녔다면 이번엔 앞에 서서 무에서 유를 만들어야 하는 입장이었다.

'노동조합' 문패를 다는 것부터 힘들었다. 서울시에 노조설립 신고를 하러 가니 담당자가 "보조출연자는 개인사업자이기 때문에 노조 설립이 안 된다"며 설립신고서를 받지 않았다. 그녀가 월급봉투를 보여주며 따졌다.

"여기 월급 내역도 쓰여 있잖아요. 일하고 돈 받아가는데 왜 우리가 개인사업자입니까? 안 된다는 말만 하지 말고 우선 접수를 시켜요. 만약 반려되면 그때 얘기하고……"

두 시간이 넘는 실랑이 끝에 겨우 설립신고서를 접수할 수 있었다. 담당자의 말과 달리 3일 후인 2006년 9월 11일 서울지역보조출연자노동조합(이후 전국보조출연자노동조합으로 명칭 변경) 설립필증은 세상에 나왔다.

'야' '이 새끼' 대신
'이모님' '형님'으로 불리기까지

그 뒤로도 역경의 나날은 계속됐다. 60년 한국방송의 역사와 함께하는 보조출연의 세계는 그만큼 뿌리 깊은 문제들이 많았다. 선배들 중에도 축구팀, 산악회를 꾸려 그 폐단을 잘라버리겠다고 나선 사람들이 있었다. 그렇게 사람들을 모으는 움직임만 있으면 보조출연 업체에 일러바치는 사람들도 꼭 있었다. 그럴 때마다 업체는 주모자들에게 일을 주지 않거나 아파트나 학교 경비 등 취직을 알선해주면서 이 업계에서 떠나게 했다.

이번에도 마찬가지였다. 노조 설립을 주도했던 8명에게 일이 들어오지 않았다. 하루 벌어 하루 사는 이들에게 일거리가 끊긴다는 건 생계와 직결되는 문제였다. 결국 그녀를 제외한 일곱 사람은 2~3개월 만에 보조출연 일을 그만두게 되었다. 그나마 그녀는 자식들이 직장을 다니고 있어서 생계문제에서 조금 자유로운 편이었다. 대신 가족들의 반대에 부딪혔다.

"그동안 고생했으니 이제 좀 쉬실 때도 됐는데 왜 어렵다는 노동조합 일을 하려고 하세요?"

자식들이 물었다. 그녀는 건강 때문에라도 이 일을 해야 한다며 아이들을 설득했다.

"이 나이에 놀면 몸이 상해. 엄마가 좋아하는 일 하면 스트

몸으로 익혀온 삶의 철학

레스 안 받아서 병 날 일 없으니 얼마나 좋니. 이렇게 일하는 게 병원비 아끼는 거야."

자식들은 그녀의 뜻을 꺾을 수 없었다.

이제 노조 사무실이 문제였다. 조합원들이 찾아올 공간이 필요했다. 하지만 돈이 없었다. 그녀를 포함해 함께 상근을 하는 사무국장, 정책국장도 무보수로 일하는 판이었다. 그녀가 묘책을 냈다. 영화 〈황진이〉 팀에서 비구니 역을 찾고 있었다. 바로 이거야, 내가 해야지. 자식들에겐 차마 노조 사무실 때문에 머리를 깎는다고 말할 수 없었다.

"〈황진이〉에서 황진이의 할머니인 윤여정의 친구를 맡을 사람을 찾는다지 뭐니. 나이가 좀 있어야 해서 감독이 나한테 꼭 해달라고 연락이 왔어."

그래도 머리를 깎는 건 절대 안 된다는 자식들을 달랬다. "위원장님이 왜 머리를 깎아요?"라며 대성통곡을 하는 조합원들도 어루만졌다. 같이할 공간만 생긴다면 머리카락 자르는 것쯤은 아무렇지도 않았다. 오디션장에 갔다. 비구니 역이어서 아무도 안 올 줄 알았는데 7명이나 왔다. 다행히 나이가 가장 많은 그녀가 뽑혔다. 대신 경쟁자들이 많았던 탓에 400만 원 준다고 했던 출연료가 250만 원으로 깎였다. 그게 어딘가. 기쁜 마음으로 미용실로 달려갔다. 허리춤까지 오던 머리카락이 싹둑 잘려나갔다.

그 덕에 여의도 옆 신길동에 보증금 200만 원에 월세 20만 원인 집을 하나 얻었다. 전국보조출연자노조의 첫 번째 사무실이었다. 허름한 판잣집이었지만 촬영장에서 매일 멸시받던 보조출연자들이 속상한 마음을 풀어내는 해우소 역할을 톡톡히 했다. 저녁이면 일이 없는 조합원들이 모여들었다. 그녀는 양은 냄비에 쉰 김치, 두부 한 모를 넣고 꿀꿀이죽을 끓였다. 별것도 아닌 그 음식을 조합원들은 서로 먹겠다고 달려들었다. 900원짜리 소주도 참 달았다. 그렇게 마음을 나누는 그 시간이 더없이 행복했다.

영화 〈황진이〉는 조합원들과 함께 봤다. 머리를 자르던 기억이 떠올라 씁쓸하기도 했지만 스크린 속 자신의 모습을 보는 건 또 다른 재미였다. 몇 마디 안 됐지만 그녀가 대사를 하는 모습도 나왔다. 많은 사람들에 파묻혀 뒤통수 찾기 바빴던 TV 드라마의 보조출연과는 달랐다. 영화가 끝나고 자막이 올라갈 때 '스님 문계순'이라고 떴다. 엄청 중요한 사람이 된 것 같은 기분이 들었다.

'이래서 우리 조합원들이 욕을 먹고 그 고생을 하면서도 20년, 30년 이 일을 하는구나.' 조합원들의 마음을 느낄 수 있었다.

노동조합이 자리 잡기까지 힘든 날이 많았다. 매일 등산 가방에 조합 가입원서를 300~400장씩 넣고서 영화판, 드라마 촬영장, KBS별관 등 보조출연자들이 많이 모이는 곳을 찾아 다녔다. 하도 가방이 무거워서 나중에는 어깨 인대가 늘어날 정도였다. 그래도 늘어나는 조합원 수를 보면 아픈 줄도 몰랐다. 조합 설립필증을 받은 지 이틀 만에 조합원이 300~400명이 되더니 금세 1,000명이 넘었다.

그때부터는 주춤했다. 보조출연 업체의 압력이 작용했다. 조

전국보조출연자노동조합은 보조출연 업체들과
단체교섭을 시작한 지 33개월 만에야 단체협약을 체결했다.
사진은 2013년 7월, 보조출연 업체인 (주)한국의장과 단체협약을 체결한 장면.
문계순 위원장 옆은 이규석 전국보조출연자노조 사무국장.

사진 – 전국보조출연자노조

합활동을 하면 일을 얻기 힘들다는 소문이 돌았다. 그래도 조합원이 있는 곳이면 어디든 가는 그녀의 노력으로 노조는 꾸준히 커왔다. 10년째인 현재 3,700여 명이 함께하고 있다. 여전히 보조출연 업체는 한 작품에 보조출연자를 1,000여 명 쓰면 조합원은 그중 100명도 안 부르지만 조합원들의 노조에 대한 신뢰는 깊다. 보조출연자도 인간임을 세상에 외쳐온 노조의 노력을 알기 때문이다.

이제 촬영장에서 폭언은 거의 사라졌다. '야' '이 새끼' 대신 '이모님' '형님'으로 불린다. 일거리의 칼을 쥐고 있는 반장에게 잘 보이려고 보조출연자들끼리 반목하는 분위기도 많이 줄어들었다. 노조가 상납 문제를 제기하고 난 후의 변화다. 노조의 고발로 일거리를 알선해주는 대신 한 달에 100만 원도 못 버는 보조출연자에게서 10년 넘게 매달 몇 만원씩 돈을 받던 반장이 형사 처분을 받았다.

부실했던 도시락의 질도 올라갔다. 보조출연 업체가 방송국에서는 식대로 6,000원을 받고 정작 보조출연자에게는 2,000~3,000원짜리 도시락을 주면서 남겨 먹던 걸 노조가 정상화한 것이다. 도시락 사진을 보내온 조합원들의 제보가 있었기에 가능했다.

무엇보다도 노조 덕에 모래알 같던 보조출연자들이 눈덩이처럼 뭉칠 수 있었다. 원풍모방노조에서 배웠던 소모임 활동을 적극 활용했다. 매달 조합원의 날을 마련해 노조 소식도 알리고 조합원들끼리 어울리는 시간을 가졌다. 산악회, 70세 이상 조합

몸으로 익혀온 삶의 철학

원 모임인 은빛모임, 여성조합원 모임 등 각종 소모임도 꾸렸다. 촬영 때 만나도 서로 본체만체했던 보조출연자들이 함께 차를 마시고 밥을 먹는 사이가 됐다.

단체협상으로 임금도 많이 올렸다. 이제 24시간 촬영을 하면 20만 원 가까이 받는다. 그러기까지 우여곡절도 많았다. 처음 노조를 만들고 KBS, MBC, SBS로 단체교섭 공문을 보냈다. KBS에서는 등기우편으로 보낸 공문 봉투를 뜯어보고 호치키스로 다시 박아 되돌려 보냈다. 교섭을 못하겠다는 뜻이었다.

방송국뿐 아니라 5개의 보조출연 업체에도 교섭을 요구했다. 업체 대표들은 교섭장에 나오긴 해도 형식적으로 교섭에 임했다. 30개월 동안 아무 진전이 없었다. 노조가 고발해 중앙노동위원회에서 부당노동행위로 인정을 받은 후에야 교섭에 속도가 붙었다. 교섭을 요구한 지 3년째인 33개월 만에 단체협약에 도장을 찍을 수 있었다.

모두가 그녀와 노조 간부들의 헌신으로 이루어낸 일들이었다. 이들은 평일에는 노동조합을 위해 뛰고 주말이면 독립기념관이나 민속촌에서 전통혼례 도우미나 조선시대 캐릭터 아르바이트를 했다. 그렇게 번 돈으로 부족한 노조 운영비를 충당했다. 여전히 그들은 상근비를 받지 못했다.

한 사람이 죽고 나서야 얻은
'노동자'라는 이름

그동안 겪은 과정에서 아픔도 적지 않았다. 그녀는 지금도 노조 초창기에 일어났던 사망 사건이 가슴에 돌덩이처럼 남아 있다.

한 방송사의 교양프로그램에서 2007년 2월, '남성 갱년기의 호르몬 변화'를 다루는 편을 찍었다. 보조출연 업체에서는 20대 5명과 50대 10명에게 "무료로 건강검진을 해준다고 하니 밥을 굶고 가라"면서 이 프로그램에 보냈다. 가벼운 마음으로 갔던 이들을 기다리고 있던 건 극한의 실험이었다.

프로그램 제작진은 스트레스 지수를 측정한다면서 50대의 보조출연자들을 한 병원의 3평쯤 되는 공간에 몰아넣었다. 그곳에 갇힌 채 이들은 17시간 동안 꽹과리 등 각종 소음을 듣거나 잠을 못 자게 하는 실험을 당해야 했다. 5명의 젊은 보조출연자들은 밖에서 이들을 감시하는 역할이었다. 화장실도 따라 가는 등 실험자들의 일거수일투족을 살펴봤다. 50대 실험자 중에는 고 김아무개 씨도 있었다. 촬영을 마치고 집에 돌아온 그는 퍼렇게 변한 얼굴빛으로 아내에게 말했다.

"아 이놈들이 사람을 모르모트(실험용 쥐) 취급을 하면서 생체실험을 하더라고."

김씨는 다음날 새벽 다른 방송국에 촬영차 나갔다. 몸 상태가 좋지 않았지만 한 번 촬영을 펑크 내면 보조출연 업체에서 며칠 동안 일을 주지 않기 때문에 빠질 수도 없었다. 방송국에 도착해 출발을 기다리며 커피 한 잔을 뽑았던 그는 커피를 손에 든 채 쓰러진 후 영영 일어나지 못했다. 사망 원인은 '미상'으로 기록됐다. 두 방송사 모두 책임을 회피한 채 사과 한마디 없었다. 보상금도 한 푼 못 받았다.

전국보조출연자노조에서는 김씨의 산업재해 판결을 받기 위해 소송을 했다. 하지만 "보조출연자는 개인사업주여서 안 된다"는 벽 앞에 가로막혀 중도에 포기할 수밖에 없었다. 그녀는 지금도 생각한다.

"그때 내가 조금만 더 똑똑했더라면…… 그때 좀 더 끈질기게 물고 늘어질 것을……"

그 뒤로도 사고를 당한 보조출연자가 산재를 인정받기까지 수년간의 법정 싸움을 해야만 했다. 그렇기에 처음으로 법원에서 보조출연자가 '노동자'라는 이름을 되찾았던 사건을 잊을 수 없다.

현장 반장이 한 남성 보조출연자에게 높은 데서 뛰어내리라고 했다. 그는 몸무게가 90킬로그램이 넘는 거구였다. 반장의 지시대로 뛰어내렸다가 발뒤꿈치가 아작 났다. 수술을 네 번이나 했다. 1년간 치료하는 동안 보조출연 업체에서는 한 번도 찾아오지 않았다. 아픈 것도 아픈 거였지만 그 태도가 더 괘씸했다. 1심에서 이기고 2008년 고등법원에서도 "노무 제공에 대한 대가로 시간급 보수를 받는 보조출연자는 근로자로 봄이 상당하다"는 판결을 하고 나서야 근로복지공단에서 산재처리를 해줬다.

이는 그나마 보상이라도 받았으니 나은 사례. 사극에서는 높은 산성에서 보초를 서는 장면을 찍다가 떨어지거나 불화살에 맞고, 달리는 말 뒷발에 차이는 등 골절상, 타박상을 입는 일이 비일비재하다. 그럴 때면 반장들은 "집에서 다쳤다고 하고 치료비도 네 보험료에서 내라. 내가 갚아주겠다"고 하고는 모른 체하기가 다반사였다.

근로복지공단에서도 앞선 재판의 판결이 있는데도 산재를 신청하면 꼭 "보조출연자가 근로자라는 근거를 가져오라"고 요구했다. 소송을 하더라도 몇 년이 걸리는 재판 결과를 기다리기 힘든 보조출연자들은 제풀에 포기하기 일쑤였다. 근로복지공단에서 다시 '노동자'임을 인정받기까지는 더 많은 시간이 필요했다. 그 뒤엔 또 다른 보조출연자의 희생이 있었다.

2012년 4월 18일 경남 합천에서 KBS 드라마 〈각시탈〉에 출연하는 보조출연자를 단체로 태우고 가던 버스가 전복됐다. 그 사고로 보조출연자 박희석 씨가 사망했다. 한 가정의 가장이 세상을 등졌지만 어떤 곳도 책임을 지지 않았다. 드라마를 방송한 KBS도, 외주 제작사와 보조출연 업체도 "고인의 명복을 빈다"는 보도자료만 뿌린 채 유가족에게는 사과 한마디 하지 않았다.

전국보조출연자노조의 지원 아래 유족인 부인과 고인의 딸이 KBS와 근로복지공단을 돌아가며 하루 네 시간씩 1인시위를 했다. 그제야 반응이 왔다. KBS는 9월 6일 〈각시탈〉 마지막회 시작에 앞서 "KBS 드라마 〈각시탈〉 제작과 관련 불의의 교통사고로 유명을 달리하신 고 박희석님의 명복을 빈다"며 "사고 관계자들의 후속 처리가 미흡했던 점에 대해 드라마 〈각시탈〉 제작진은 깊은 유감을 표한다"는 자막을 내보냈다. 유족은 '사과'를 요구했지만 방송사는 '유감'이라고 했다. 그 3초짜리 유감 표명

몸으로 익혀온 삶의 철학

마저도 유족이 다섯 달 넘게 싸워서 가능한 일이었다.

근로복지공단도 태도가 달라졌다. 담당 사무관은 개인 휴가를 내고 직접 경남 합천의 촬영장까지 찾아갔다. 관광객을 가장해 촬영장 곳곳을 돌면서 보조출연자들이 어떻게 일하는지를 살폈다. 다녀온 후 노조 관계자들을 만났을 때 그가 말했다.

"정말 힘들게 일하더군요. 제가 이 문제만큼은 꼭 해결되도록 힘써보겠습니다."

그해 10월 1일, 고 박희석 씨는 드디어 산재처리를 받는다. 봄에 세상을 떠난 그가 나라에서 그 죽음을 인정받기까지 두 계절이 흐른 셈이다.

그녀는 자신들의 처지를 이해하기 위해 촬영장까지 찾았던 담당 사무관이 참 고맙다. 그리고 생각한다. 어느 곳이든 최선을 다하는 사람 한 사람만 있으면 세상은 바뀐다고. 20대 때 원풍모방에서 활동하면서부터 몸으로 익혀왔던 삶의 철학이다. 어느 자리에서건 있는 힘을 다해 맡은 일을 해왔다. 그 노력이 보조출연자들의 삶의 질을 조금은 바꿔놓았다. 하지만 아직도 할 일이 많다.

고 박희석 씨 유족의 요구로 KBS방송국 주차장에 보조출연자 대기실이 생겼다. 이제 지방 촬영을 마치고 새벽에 도착한 보조출연자들이 첫차가 다닐 때까지 방송국 로비나 주차장에서 떨지 않아도 된다. 그런데 방송국 측은 그 대기실을 이용하는 데도 까다롭게 굴고 있다. 대기실 사용 시간을 밤 10시에서 새벽 6시로 제한했다. 새벽에 쓸 때도 반장이 있어야만 가능하다며 문을 열어주지 않는 날이 많다. 그녀는 제 쓰임새를 찾지 못하고 있는 이 대기실을 보조출연자들의 사랑방으로 쓰고 싶다. 방송국에 24시간 쓸 수 있게 해달라고 계속 요구할 작정이다.

야외 촬영장에는 대기실은커녕 아직 화장실이나 하늘을 가릴 시설이 마련돼 있지 않다. 여전히 산속에서 변을 보고, 비가 오면 빗물인지 눈물인지 모를 물과 함께 도시락을 먹는다. 최저 임금에 머물러 있는 시급을 올리는 것도 필요하다. 5개에 머물렀던 보조출연 업체가 2015년에는 2개 더 생겼다. 방송사는 방송사대로 보조출연 업체는 업체대로 단체교섭을 요구하는 것도 일이다.

그런데 여전히 방송사나 보조출연 업체는 노동조합과 함께 갈 생각이 없는 것 같다. 여전히 타임오프 등을 합의해주지 않아 노조 전임자들이 무보수로 일하고 있다. 그녀 앞으로 온 고소고발장만 해도 10건이 넘는다.

그녀의 가장 큰 바람은 방송사 PD와 보조출연 업체의 반장, 보조출연자로 이어지는 잘못된 구조를 정책적으로 개선하는 것이다. 여전히 보조출연 업체가 법적으로 파견업인지 도급(용역)인지 명확하지 않다. 이런 상황에서 보조출연 업체들이 사업자 등록증만 내고 근로조건 공급사업을 하는 건 불법이라는 게 그녀의 생각이다. 법적 다툼도 고민하고 있다. 그와 함께 인력공급 사용허가는 노동조합만 가능하도록 돼 있는 법을 활용할 계획도 있다. 얼마 전 무료직업소개소 신청도 마쳤다.

계속 방송사나 보조출연 업체가 비협조적으로 나온다면 투쟁을 할 마음의 준비도 돼 있다. 돌이켜보면 비록 노조사무실 때문이긴 했지만 돈을 벌기 위해 삭발을 했던 게 자존심이 상한다. 다시는 돈 때문에 머리를 깎고 싶지는 않다. 다만 보조출연자들의 권익을 위한 투쟁이라면 언제든 머리를 깎을 자신이 있다.

전국보조출연자노조의 위원장으로서도, 정년이 없는 보조출연업계의 배우로서도 하고 싶은 일이 많다. 그녀의 나이 올해 환갑이다. 인생은 60부터. 아직 문계순의 인생은 다 꽃피지 않았다.

전국보조자출연자노조는 단체협약 체결 후에도
보조출연업체들과의 힘겨루기는 계속됐다.
사진은 2015년 4월 11일부터 10월 6일까지 단협 해지 등 파행을 이어간
(주)한국의장을 규탄하기 위해 벌였던 집회 현장 모습.

후기

인터뷰를 위해 전국보조출연자노동조합 사무실을 찾아가면서 사무실 벽을 빨리 보고 싶었다. 다른 인터뷰 기사들을 살펴보다가 노조 사무실 벽면이 조합원들이 촬영장에서 찍은 사진들로 채워진 모습을 보고 반해버린 뒤였다.

사무실로 안내받자마자 벽면부터 살폈다. 기대했던 사진들이 없었다. 사진들의 행방을 묻자 문계순 위원장은 "얼마 전 새 사무실로 이사 오면서 그 사진들도 다 뗐어요"라는 말로 실망감을 안겼다. 대신 그녀는 사진첩 하나를 꺼내왔다.

"그 사진들이 조합원들이 와서 직접 붙인 거예요. '조합원의 날'에 온 조합원들이 한두 명씩 벽에 사진을 붙이니까 너도나도 사진을 가지고 왔어. 이사 오면서 사진들을 떼는데 아깝더라고. 그래서 버리지 못하고 이렇게 사진첩에 넣어놨지."

사진첩을 펼치자 타임머신을 타고 과거로 간 전국보조출연자노조의 조합원들이 있었다. 포졸이나 주막 아낙의 복장을 한 채 유명 배우와 정답게 웃고 있는 그들의 모습이 천진난만하다. 중간중간 전통혼례 도우미 복장을 한 문 위원장의 모습도 눈에 띄었다. 평일에는 노조일 하느라 밤늦도록 돌아다니고 주말에는 아르바이트를 했다는데도 힘든 기색이 없다. 마냥 즐거워 보인다. 벌써 10년째 맡고 있는 위원장직을 내려놓으면 일흔 넘은 조

몸으로 익혀온 삶의 철학

합원들의 모임인 은빛모임 회원들처럼 힘닿는 한 촬영장에 가서 일을 하고 싶다는 그녀의 바람이 빈말이 아닌가보다.

그렇게 현장에서 일할 날을 꿈꾸고 있지만 그녀는 위원장으로서 철두철미함도 갖추고 있었다. 한국노총에서 상하반기에 각각 두 달씩 진행하는 법률학교에 8년 동안 빠지지 않고 참여해 매번 개근을 했단다. 〈각시탈〉 사망 사건으로 보조출연 업체가 문 위원장을 명예훼손 등 10여 항목으로 고소했지만 모두 기각된 이유를 알겠다. 그 성실함과 철저함이 지금의 그녀와 전국보조출연자노조를 만들어왔겠다는 생각이 들었다.

세 시간여에 걸친 인터뷰를 마치고 나오는데 그녀가 "멀리까지 왔는데 달리 줄 건 없고"라면서 세면도구 세트와 근력운동을 하는 줄을 내밀었다. 지난해 촬영장에 가서 보조출연자들에게 산업안전교육을 할 때 들고 갔던 기념품이라고 한다. 전국보조출연자노조는 1년에 한두 번씩 지방 촬영장에 가서 보조출연자들을 만난다. 만나는 건 정말 좋지만 한 번 갈 때마다 휘청휘청한다. 차량을 대절해서 기념품까지 맞춰 가니 돈이 수백만 원씩 깨진다고.

지난 10년 동안 전국보조출연자노조로 들어온 조합비는 매달 몇 십만 원에서 100여만 원 수준. 상근자들 월급은 고사하고 사무실 운영비에도 턱없이 부족한 액수다. 매년 적자는 늘어왔고 벌써 마이너스 7,000만 원이 되었다. 그걸 어떻게 채울지 걱정도 클 텐데 그녀는 천하태평이다.

"보조출연자들의 수가 1만 명이 넘어요. 매달 업계의 매출이

30억이 넘으니까 우리가 조합비를 1퍼센트씩만 걷어도 3,000만 원이잖아요. 곧 그런 날이 올 겁니다."

1만여 조합원을 품은 전국보조출연자노동조합, 그녀의 꿈은 언제쯤 이루어질까. 노조 사무실을 나와 여의도 길을 걷는데 KBS별관이 보였다. 커다란 촬영차량 속 그녀가 말한 미래 조합원들이 있었다.

우리의
목소리를
되찾다

대형마트 노동자 김진숙 씨

기록 신정임

친절을 강요하는 사회다. 공과금을 받는 은행원도, 주민등록등본을 발급해주는 주민센터의 공무원도, 인터넷을 설치하러 온 AS 기사도 모두 "사랑합니다, 고객님"을 외친다. 어딜 가나 '고객님' 대우다. 이는 사람들의 마음에 그릇된 선민의식을 심어주기도 한다. 요즘 언론에 심심치 않게 등장하는 '갑질'은 돈 많고 힘 있는 일부의 문제가 아니다. 바로 내가, 어딘가에서 누군가를 상처 주는 '갑질'을 하고 있을 수 있다.

그래서 인터뷰 가는 길이 편치 않았다. 내 민낯을 볼까봐. 나도 한 달에 두세 번은 그곳에서 '고객님' 소리를 듣기 때문이다. 반찬거리를 살 때도, 아들이 조르고 조르는 장난감을 사러 갈 때도 이제는 쉽게 찾게 되는 곳, 대형마트. 그곳에서 일하는 노동자를 만나러 서울 영등포의 한 건물로 향했다. 그의 노동을 자주

접하는 '고객님'이지만 잘 알지는 못하는 그의 노동은 어떤 빛깔들로 채워지고 있을까. 내가 혹시 '진상 고객'은 아니었던지 걱정하면서 약속 장소의 문을 열었다.

"계산대에 있으면 돈이나 카드를 집어 던지는 사람들이 많아요. 그럴 때면 밑에 있는 휴지통을 발로 뻥 차지 않으면 계산하기가 힘들죠."

김진숙(36) 씨는 만나자마자 견디기 힘든 고객의 유형을 들었다. '나는 카드를 어떻게 건네지?' 바삐 머리를 굴렸다. 지금껏 던지는 돈을 받는 사람의 입장을 생각해본 적이 없었던 것 같다. '거봐. 내가 이 인터뷰 쉽지 않을 거라 했잖아.' 얼른 평상심을 찾고 그녀의 다음 이야기를 듣기 위해 귀를 쫑긋 세웠다.

"같이 일하는 언니가 밥 먹다가 불려 나가 사과하는 걸 봤어요."

이미 전날 한바탕 하고 갔던 고객이 다시 왔던 경우다. 고객이 계산대에 올려놓은 고기 봉지가 문제였다. 하나의 봉지 안에 두 개의 고기 봉지가 있었다. 계산원이 마트의 규정대로 겉봉지를 풀었다. 겉봉지에 붙은 바코드가 속에 든 두 덩어리의 고기들을 합한 금액인지 확인하기 위해서였다. 그러자 사달이 났다. 고객은 "감히 누굴 도둑으로 아느냐"면서 노발대발했다. 계산원은 규정대로 한 거였지만 계속 "죄송합니다, 고객님"이라며 머리를 조아려야 했다. 그렇게 싹싹 빌었지만 고객은 집에 가서도 분을 삭이지 못해 다음날까지 찾아와 다시금 사과를 요구했던 것이다.

무슨 대역 죄인이라고 그렇게까지 하나. 영화 같은 이야기는 계속 이어졌다.

"고객센터로 연락해서 계산원을 주차장으로 불러낸 고객도 있어요. 계산할 때 마음에 안 들었다면서 상품 리스트를 주면서 장을 봐오라고 했대요. 계산원이 그대로 장을 봐오니까 '원산지가 다르다, 무게가 안 맞는다'면서 다시 돌려보냈대요. 집까지 찾아오게 해서 사과를 받는 사람도 있고요. 또 어떤 고객은 전화로 여러 직원에게 문의한 후 자신과 통화한 직원들의 말이 조금씩 달랐다면서 전화받은 직원 모두에게 반성문을 쓰게 한 적도 있어요."

진상 고객의 유형이 끝이 없다. '사람(人)'이라는 한자는 두 사람이 서로 기대고 있는 모습을 본뜬 거라는데 내가 기대고 있는 누군가에게 어떻게 이와 같은 폭력을 아무렇지도 않게 휘두를 수 있을까.

진숙은 계산원을 거쳐 문화센터와 고객센터에서도 일해봤다. 그녀가 고객센터로 찾아오던 고객의 이야기로 마지막 펀치를 날린다.

"1년 전에 산 운동화나 속옷을 반품하겠다는 사람들은 도대체 무슨 생각으로 오는 걸까요?"

나도 그들의 정신상태가 궁금할 따름이다.

눈물 흘리다가도
"안녕하십니까, 고객님" 외쳐

분풀이를 한참 했으니 이제 본격적으로 진숙의 이야기를 해보자. 40~50대가 대부분인 대형마트 계산원 중에서 그녀는 젊은 편이다. 4년 전, 알바 삼아 쉬엄쉬엄 할 만한 일을 찾다가 홈플러스 영등포점에서 낸 공고를 봤다. 하루에 4시간 30분 동안 일할 계산원을 모집한다는 내용이었다. 서비스업의 세계에 넌덜머리가 난 뒤였다.

진숙은 결혼하고서 지인으로부터 "화장품 판매 일이 돈을 많이 번다"는 얘기를 듣고, 2009년 백화점 화장품 매장에 취직했다. 단 몇 달 만에 화려해 보이던 그 일이 사실은 몸이 배겨나지 않는 일이란 걸 알았다. 하루 10~11시간을 일했다. 그것도 투피스에 구두를 신고서 하루 종일 선 채로. 백화점은 물론 화장품 본사가 직원이 의자에 앉는 걸 극도로 싫어했기 때문이다. 퇴근을 하고 집에 가면 다리가 퉁퉁 부어 있었다. 다리를 베개 위에 높이 올리지 않으면 잠을 잘 수 없는 지경에 이르렀다.

일은 힘든데 한 달에 네다섯 번밖에 쉬지 못했다. 직원들의 스케줄이 안 맞으면 그마저도 힘들었다.

"15일을 못 쉬고 연속해서 일한 적도 있어요. 정말 끔찍했지요."

들었던 것만큼 돈을 많이 버는 것도 아니었다. 기본급은 적었다. 월급의 상당수를 인센티브로 채워야 했다. 동료들과 경쟁

우리의 목소리를 되찾다

해서 더 많이 팔아야만 인센티브를 받을 수 있었다. 아등바등 동료를 밟고 올라가봤자 진숙의 통장에 들어오는 돈은 170~180만 원이었다. 노동시간과 노동 강도에 비하면 결코 많지 않았다.

또 그곳엔 이중, 삼중의 갑이 존재했다. 진숙은 백화점 직원이 아니었다. 화장품 회사의 직원도 아니었다. 화장품 본사가 개인사업자에게 임대한 매장에서 채용한, 일종의 협력업체 직원이었다. 그런데 관리감독은 세 곳이 모두 하려고 나섰다.

백화점 관리자가 1주일에 두세 번씩 하는 조회에 나가야 했다. 매출이나 서비스 평가 등 일상적으로 백화점 담당 직원의 지시를 따랐다. 화장품 본사에서는 본사대로 지시를 내렸다. 본사 관계자가 불시에 와서 창고까지 뒤져가며 점검을 하곤 했다. 언제 본사에서 점검을 나올지도 모른다는 불안감에 사방에 신경을 곤두세운 채 일했다. 게다가 가장 가까운 관리자인 매장 매니저의 악명이 높았다. 직원들이 몇 개월을 버티지 못하고 그만두는 매장인지도 모르고 취직을 했던 것이다.

"그때 몸무게가 6~7킬로그램이나 빠졌어요. 사람이 너무 힘든 기억은 잊는다는데 저도 백화점에 다니던 10개월의 기억이 뚝 끊긴 것처럼 거의 없어요. 그냥 퇴근하면 맨날 신랑 앞에서 울었던 기억만 나요. 신혼 초였는데 신랑한테 미안할 뿐이죠."

백화점을 나와 대형마트 협력업체의 판매사원으로 들어갔다. 그곳 역시 층층시하 시집살이처럼 몇 겹의 갑들 밑에서 제 목소리를 낼 수 없었다.

1년여 만에 마트 협력업체 일을 그만두고 홈플러스에 계산원

홈플러스노동조합은 2014년 3월, 노조 창립 1주년 행사를 하면서
'홈플러스노동조합은 ○○○다!' 설문을 받았다.
조합원들은 '로또, 고속도로, 비상구' 등 다양한 말들을 써냈다.

사진 - 홈플러스노조

으로 들어오면서 일말의 기대를 했다.

"비록 계약직이긴 해도 한 회사에 직접 고용되는 것이니 기본적인 상식이나 법은 지켜지겠지 했어요."

그러나 현실은 그렇지 못했다. 고객이 막무가내로 반성문을 쓰라고 하면 관리자는 앞뒤 상황을 따지지 않고 무조건 반성문을 쓰게 했다. 고객들의 폭언과 무리한 요구에 상처받는 직원들을 보호해주는 건 아무것도 없었다. 동료들끼리 같이 울고 함께 속상해하며 울분을 달래는 게 다였다.

진숙은 입사하자마자 마트에서 계약직을 대우하지 않는다는 걸 느꼈다. 계산원으로 뽑아놓고는 변변한 직무교육이 없었다. 이틀 동안 다른 계산원들 뒤에서 계산하는 걸 보는 게 교육의 전부였다. 3일째 되는 날, 관리자는 이제 혼자 해보라며 그녀를 홀로 계산대에 세웠다. 계산대 뒤로 죽 늘어서 있는 고객들을 보는데 등줄기로 땀이 흘러내렸다. 계산을 하다가 막히면 옆 계산대로 뛰어가 어떻게 하는지 물었다. 그럴 때면 고객들은 참지 못하고 "왜 이리 늦느냐"며 목소리를 높였다.

"정말 막막했어요. 뭐가 뭔지도 모르는데 바로 계산대에 세워서…… 지금도 그때를 생각하면 식은땀이 나요. 여기는 신입이라고 배려 안 해줘요. 그렇다고 장기 근속자를 인정하느냐. 그것도 아니에요. 신입이나 10년 일한 사람이나 월급이 거기서 거기죠."

노동자를 인격체로 인정해주지 않는 분위기 속에서 진숙이 일을 때려치울까 고민한 적이 두 차례 있다. 한 번은 앞서 말한 계산대 앞에서 쩔쩔매던, 입사한 지 얼마 안 됐을 때다. 계산대가 밀려서 바쁘게 바코드를 찍고 있는데 앞에 계산한 남성이 '열여덟'을 입에 올리면서 쌍욕을 해댔다. 자기가 물건을 다 담지 않았는데 뒷사람 물건을 계산했다는 거다. 연신 "죄송하다"며 머리를 조아렸다. 그 고객이 가고 나서야 참았던 눈물이 쏟아졌다. 어디 갈 곳도 없었다. 계산대 아래 쪼그리고 앉아 눈물을 훔친 뒤 다시 올라와 "안녕하십니까, 고객님"을 외쳐야 했다.

또 한 번은 고객센터에서 일할 때다. 회사에서 고객센터 직원들의 개인 사물함을 말도 없이 딴 적이 있다. 고객센터 직원들이 고객 증정품을 챙긴다는 의심 때문이었다. 도둑 누명을 쓴 채 개인 사물함이 털리자 계속 여기를 다녀야 하나 회의감이 몰려왔다. 그때 희망의 빛 한줄기를 발견했다. 취미활동으로 가입했던 사내 영화 동아리에서였다.

"나 혼자만 억울한 게 아니었구나"

한 달에 한 번 직원들끼리 만나 영화를 보고 이야기를 나눴다. 조금씩 친분이 쌓이자 자연스럽게 업무 이야기가 나왔다. 다른 직종의 고충도 알게 됐다.

농축산, 가공식품 등 영업부서는 연장 수당이 없었다. 그런데 당연하다는 듯 하루 두세 시간씩 연장근무를 했다, 오전 근무는 오후 4시 30분 퇴근이었지만 5시 반, 6시 반 퇴근이 너무도 자연스러웠다. 오후 3시 30분 출근인 마감조도 한두 시간 미리 출근했다. 바겐세일 등 행사를 할 때면 월요일에 출근해서 화요일에 퇴근하는 날도 숱했다. 그렇게 일해도 추가 수당은 없었다. 그러니 월급은 항상 100만 원 수준. 연애, 결혼을 꿈꾸기엔 턱없이 부족했다.

근무시간은 길고 스케줄도 자꾸 바뀌어서 친구들과 변변한 약속 하나 잡기도 힘들었다. 꿈을 안고 대형마트에 들어왔던 20대 중후반 남직원들이 몇 달을 못 버티고 계속 그만두는 게 당연해 보였다.

젊은 직원들이 나간 자리는 다시 40~50대 여성 사원들로 채워졌다. 영업부서는 쌀 포대나 고추장 단지 등 상품을 진열해야 했다. 10~20킬로그램씩 들고 내리는 건 기본. 인대 파열이나 허리디스크 등 근골격계 질환자가 많을 수밖에 없다. 그럼에도 산재를 인정받기가 쉽지 않았다.

홈플러스에만 있는 일명 점오 계약제인 30분 단위, 20분 단위 계약도 문제였다. 단시간 근무자를 뽑아서 고객이 많이 붐비는 시간대에 집중 배치했다. 반면 한가한 시간에는 적은 인원만 둬서 노동 강도가 셌다. 진숙은 평일 오전, 혼자서 한 층의 계산을 도맡아한 적도 있다. 사 측이 고객이 적다고 다른 계산대는 다 닫은 거였다. 아무리 여유 있는 시간대더라도 한 명이 한 층의 계산을 다 하는 건 무리이다. 진숙은 그때 단 10분도 쉬지 못하고 미친 듯이 계산을 해야 했다. 그럼에도 홈플러스는 점오 계약을 밀어붙였다.

점오 계약은 직원들 간의 반목도 조장했다. 계산대 근무자만 해도 4.4시간부터 7.5시간까지 근무시간대가 다양했다. 그에 따라 직원들 월급이 20~30만 원씩 차이 났다. 그렇잖아도 적은 임금에서 그 차이는 컸다. 저마다 더 오랜 시간 근무하기를 원하지만 그 결정은 관리자의 몫. 10년째 4.5시간을 일하는 사람이 있는가 하면 바로 7.5시간을 일하는 신입도 있어서 직원들끼리 자주 갈등을 빚었다.

매장에서 왕처럼 군림하는 몇몇 정규직 중간 관리자들의 횡포도 심했다. 폭언은 예사, 조인트를 까는 관리자도 있었다. 30대 관리자가 40~50대 계약직들을 학교 선생님이 아이들을 나무라듯이 혼냈다. 어느 부서 회식에서는 아들뻘 되는 관리자가 50대 계약직에게 숟가락을 던지며 화를 낸 일도 있다. 그럼에도 계약직들은 잘릴까봐 속수무책으로 당하고만 있었다.

모여서 이야기하니 불합리한 점들이 끝도 없이 쏟아져 나왔다. 다들 "나 혼자만 힘들고 억울한 게 아니었구나"를 깨달았다. 이야기를 하면 할수록 불만만 말하지 말고 해결 방법을 찾아보자는 것으로 결론이 모였다. 그러면서 사람들이 자연스럽게 '노동조합'을 입에 올리기 시작했다.

"전태일 열사가 외친 '근로기준법을 준수하라'가 대형마트 안에서는 여전히 유효하더라고요. 그 일을 노동조합을 통해서 할 수 있지 않을까, 그렇게 마음을 모으게 됐죠."

2013년 3월 영화 동아리 회원들을 중심으로 홈플러스노동조합 설립신고서를 냈다. 전체 조합원은 10명. 어떻게 조합원 수를 늘릴까가 과제였다. 홈플러스는 서울에만 10개 매장, 전국에 100개의 점포가 흩어져 있었다. 전임자가 없던 때여서 조합가입서를 받으러 일일이 찾아다니기가 불가능했다.

"조합 간부들도 다들 교대근무를 하고 있어서 돌아다닐 엄두가 안 났어요. 그때 온라인을 생각해냈죠. 노조 홈페이지를 만들어서 거기로 노조 가입을 할 수 있게 했어요. 그러고는 카카오톡 각 부서방에 노조가 생겼다고 알렸어요. 언론도 도와줬죠. 노조를 만들고 기사가 많이 나왔는데 다음 포털 메인에 떴더라고요. 홈플러스 설립 13년 만에 처음으로 노조가 생겼다고."

곧바로 조합가입서가 쏟아져 들어왔다. 지방에서도 많이 가입했다. 그때부터 조합 간부들은 하루 24시간이 부족할 정도로 살았다. 퇴근하면 차를 타고 울산, 부산으로 내려갔다. 가입한 조합원들과 간담회를 하고 나서 새벽에 다시 서울로 올라와 잠깐 눈만 부치고 아침에 출근하는 강행군을 이어갔다. 매일 새벽 2~3시에 택시를 타고 집에 가는 바람에 한 달 월급을 택시비로 거의 쏟아 부었다. 연차를 내서 며칠씩 지방을 돌기도 했다.

"지방에 가니까 먼저 노조를 만들려고 시도했던 분들이 있더라고요. 그런데 만만치가 않았대요. 전국에 사업장이 뿔뿔이 흩어져 있고, 똑같이 쉬는 날도 없어서 모이기가 힘드니까요."

노조 설립 즈음 생긴 대형마트 정기휴무가 많은 도움이 됐다.

"스케줄이 안 맞으면 같은 부서에서 일하는 계산원 언니를 10일 동안 못 볼 수도 있거든요. 그런데 한 달에 두 번은 똑같이 쉴 수 있으니 조합원들이 함께 모일 수 있었던 거죠."

"노동조합 덕에
할 말 하며 살게 돼 행복해"

홈플러스노조는 설립 초기 세 가지 문제를 집중해서 제기했다. 연장수당 청구소송, 감정노동 대응 매뉴얼 만들기, 중간 관리자들의 부당노동행위 신고 등이었다. 그동안 받지 못했던 일상화된 연장근무에 대한 수당을 청구하는 소송을 진행했다. 폭언 고객이 나타나면 해당 직원은 그 자리를 피할 수 있고, 한 시간의 유급 휴게시간을 주는 등의 내용을 담은 감정노동에 시달릴 때 필요한 매뉴얼도 만들었다. 일부 중간 관리자들의 횡포를 문제 제기하기도 했다.

조합원들의 지지뿐 아니라 사회 여론도 우호적이었다. 사 측과의 힘겨루기만 남아 있었다. 노조는 근무복에 등벽보 달기부터 시작했다. 조합원들이 잘 따라줄까, 고객들이 항의는 하지 않을까 걱정했다. 조합원들은 어색해하면서도 한 명 두 명 등벽보를 달기 시작했다.

"복장 규정을 위반하면 큰일 나는 줄 알던 언니들이 투쟁 구호가 적힌 등벽보를 근무복에 달 수 있을까 걱정이 많았어요. 특히나 그전까지는 회사에서 누가 조합원인 줄 몰랐거든요. 등벽보를 단다는 건 '나는 조합원이다'라고 커밍아웃하는 거였는데도 다들 용기 내서 잘 달더라고요. 물론 달고 난 후엔 등벽보를 떼었다 붙였다 반복하는 조합원들도 있었지요. 처음인데 충분히 그럴 수 있다고 봐요."

2013년 크리스마스를 앞두고 노조는 쟁의 행위에 들어갔다. 간부파업과 부분파업, 수도권 전면파업에 이어 2014년 1월 8일 전국 점포에서 전면파업을 예고했다. 그제야 사 측이 교섭에 적극적으로 임했다. 1월 7일 밤샘 교섭 끝에 홈플러스노조의 첫 번째 단체협약이 체결된다. 그로써 많은 지탄을 받던 30분 계약제가 폐지된다. 노조를 인정받자 일부 간부들은 노조 일만 전적으로 할 수 있게 됐다. 진숙도 홈플러스노동조합 서울본부장으로 2014년 3월 1일부터 노조 전임을 하고 있다.

단협은 수월하게 끝난 편이었다. 문제는 임금협상이었다. 비정규직 임금은 최저임금이 기준이라고 생각하는 사 측에게 최저임금이 아닌 생활을 할 수 있을 정도의 '생활임금'을 달라는 요구는 씨알도 먹히지 않았다. 투쟁 태세를 풀자마자 다시 투쟁 배낭을 싸기 시작했다. 2014년 내내 투쟁 모드로 살았다. 그중 전면파업 첫날의 장면이 잊히지 않는다.

"오전조 근무를 끝내고 유니폼을 입은 채로 매장 밖으로 나오는 거였어요. 조합원들이 안 나오면 어쩌나 노심초사했는데 평조합원들이 구호 피켓을 들고나오면서 다른 조합원들에게 나오라고 호소를 하더라고요. 그러니까 조합에 소극적이어서 안 나올 거라고 생각한 사람들도 같이 매장 앞으로 나오더라고요. 밖에서 그 모습을 보면서 울컥했어요."

파업의 효과가 그리 크지는 않았다. 사 측은 본사나 조합원이 없는 다른 지점의 직원들을 데려와 조합원들의 자리를 채웠다. 지금은 43개 매장에 조합원이 있지만 그때만 해도 10개 매장만 가입돼 있어서 다른 지점에서 지원받기가 쉬웠던 것이다. 같은 사업장 내 직원들이어서 대체인력이라고 문제 제기하기도 힘들었다.

대신 시민들의 지지가 힘이 됐다. 금천점 앞에서 20일 넘게 천막농성을 하면서 아침, 저녁으로 음악을 틀고 집회를 해도 항의하는 지역 주민들이 없었다. "정말 10년 일해도 100만 원밖에 못 받아요?"라면서 안타까워하거나 "여기서 장 안 보면 돼요? 어떻게 도와주면 됩니까?"라며 함께할 방법을 물었다.

많은 이들이 응원했지만 노조의 요구가 받아들여지지는 않았다. 진숙은 대형마트 3사 사이에 임금 가이드라인이 있는 것 같다고 했다.

"우리끼리 그렇게 말했죠. 이마트는 5,500원밖에 안 주는데 홈플러스가 미쳤다고 6,500원을 주겠느냐고. 대형마트가 최저임금만 주니까 동네의 좀 큰 슈퍼마켓도 당연하다는 듯이 최저임금만 줘요. 대형마크가 만든 그런 관행을 바꾸고 최저임금 자체를 올려야 하는 과제가 남았지요."

만족스럽지 못한 임금교섭 결과를 조합원들에게 보고해야 할 때 진숙은 눈물이 났다. 열과 성을 다해 싸워준 조합원들에게 너무 미안했기 때문이다. 하지만 조합원들은 임금보다 더 중요한 것들을 찾아준 노동조합이 고맙다. 바로 우리 자신이다. 억울한 일을 당해도 찍소리 못하고 살던 때에 가슴에만 담았던 말들을 이제는 할 수 있다.

"조합원들이 그래요. 노조 없을 때는 숨 쉴 틈 없이 일하다

우리의 목소리를 되찾다

2014년 7월 22일 홈플러스 영등포점 앞에서 열린 임금투쟁 승리를 위한
경고파업 집회에서 발언하고 있는 김진숙 홈플러스노조 서울본부장.

사진 - 홈플러스노조

가 이제는 숨구멍이 트였다고. 바로 2년 전 일인데도 조합원들이 그땐 어떻게 그렇게 살았는지 모르겠다고 웃죠. 노동조합 덕분에 할 말 하면서 살게 돼 행복하다는 말을 들을 때 뿌듯해요."

진숙은 올해 설연휴를 다 쉬었다. 휴일에 쉬는 게 뭐 대단한 일인가 싶지만 서비스업 종사자들에게는 대단한 일이다. 명절 때 친정에 간 것도 결혼 7년 만에 이번이 처음이었다. 계속 백화점과 마트에서 일하면서 명절 때 이틀 이상 쉬어본 적이 없다. 시댁의 외며느리여서 명절 전날 퇴근한 후에 밤늦게까지 음식을 장만한 뒤 명절을 쇠고서 바로 다음날 출근하곤 했다. 부산인 친정은 갈 엄두도 못 냈다. 노조 전임인 덕분에 이번 설에는 친정에 다녀오면서 진숙은 생각했다. 남들 쉴 때 쉬는 게 소소한 행복이 아니라 인간으로서 누릴 수 있는 최대의 행복이라고.

"마트 노동자들에게 휴일에 친구들과 약속 잡기는 꿈같은 얘기예요. 집에서 죽은 듯이 자죠. 그렇게 쉬어야만 일하는 날 노동을 견딜 수 있거든요."

이런 마트 노동자들의 삶을 알아달라는 게 진숙의 바람이다. 당신이 지금 막말을 하고 있는 노동자도 누군가의 어머니이자 누군가의 딸일 수 있다는 걸 기억해달라는 것. 대형마트 사 측에도 할 말이 있다.

"대형마트가 지금처럼 눈부신 성장을 한 데는 아줌마들의 공이 크잖아요. 몹쓸 일자리라고 젊은이들은 들어오지 않는 곳에서 묵묵히 일한 40~50대의 여성들이요. 회사가 그런 여성들이 만들어온 그 성과를 인정해줬으면 좋겠어요. 그게 기업이 사회적 책임을 지는 모습 아닌가요? 우리는 최저임금이 아니라 생활이 될 수 있는 적정임금을 원해요. 반찬값을 벌어온 게 아니라 생계를 책임지는 분들이 많거든요."

진숙은 마트에서 계산을 하다가 고등학교 동창을 만난 적이 있다. "진숙이 아니니?"라며 먼저 아는 체를 한 친구는 '네가 왜 여기 있냐'는 듯 놀랍다는 표정을 지었다. 진숙도 잠시 '내가 재보다 공부 잘했는데……'라며 부끄러워하는 자신을 느꼈다.

"'내가 왜 부끄러워하지?' 생각하니까 마트는 100만 원밖에 받지 못하는 일자리라는 사회적 인식 때문이더라고요. 좀 서러워지면서 이곳을 꼭 괜찮은 일자리로 바꿔야겠다는 생각을 했어요."

김진숙을 만난 곳은 홈플러스노동조합의 사무실이었다. 널찍하고 좋았다. 임원들이 적금, 보험을 깨서 마련했던, 지하에 있어서 핸드폰도 잘 터지지 않던 초창기 사무실에 비하면 "지금은 궁궐 같다"며 그녀가 웃었다. 이제 막 두 돌이 지난 노동조합은 그렇게 차곡차곡 성과들을 쌓아가고 있었다.

홈플러스노조 사무실에서 나오는데 문에 붙은 포스터가 눈에 들어왔다. 포스터에는 '홈플러스노조는 ○○○다'라고 쓴 피켓을 든 조합원들의 모습들이 담겨 있었다. 노조 창립 1주년 행사 때 찍은 사진이란다.

조합원들은 말하고 있었다. "홈플러스노조는 설렘이다. 우리들의 권리 찾기다. 노동자들의 행복지수다. 앞으로 계속 진격이다." 마트 노동자들은 그들의 변호인인 홈플러스노조가 있어서 부당한 대우와 진상 고객들로부터 권리 찾기에 나설 수 있었다. 그로써 행복지수도 올라가고 있다. 지금의 모습 그대로 계속 진격하길.

인터뷰를 끝낸 소심한 고객은 앞으로 마트에서 계산할 때는 돈이나 카드를 공손하게 건네리라 다짐하며 저녁거리를 사러 마트로 향했다.

후기

    인터뷰를 하기 위해 마주 앉았을 때 김진숙 씨는 2014년에 개봉한 영화 〈카트〉 이야기부터 꺼냈다. 실화를 바탕으로 해서인지 실제 자신이 마트에서 일하면서 겪은 일들이 그대로 나온다고 했다. 미처 영화를 보지 못했던 필자는 속으로 '아뿔싸'를 연발하고야 말았다.

    인터뷰를 마치고 집에 오자마자 IPTV를 검색해 영화를 찾았다. 4,000원을 결재한 후 바로 영화 속 마트의 세계로 빠져들었다. 영화 〈카트〉는 '더(the)마트'에서 일하던 비정규직 노동자들이 회사의 통보로 하루아침에 해고가 되자 노동조합을 만들어 싸워나가는 과정을 보여준다. 2007년 이랜드그룹에서 정리해고를 당한 후 510일 동안 싸웠던 홈에버 노동자들의 투쟁을 뼈대 삼아 만든 영화다.

    진숙 씨가 말한 진상 고객은 영화 속에도 있었다. 그는 계산원들의 로커룸까지 찾아와 계산원을 무릎 꿇린 채 사과를 받았다. 얼마 전 이슈가 됐던 동영상이 떠올랐다. 인천의 한 백화점 귀금속 매장에서 의자에 앉은 고객이 직원 2명을 무릎 꿇린 채 사과받는 모습을 담은 영상이었다.

    '무릎을 꿇다'는 건 '굴복'을 뜻한다. 국어사전에서 굴복은 '힘이 모자라서 복종함'이라고 설명하고 있다. 누가 저 고객들에게 남을 깔아뭉개도 된다는 '힘'을 줬을까. 진숙 씨는 '고객은 왕'이라는 잘못된 이데올로기가 사람을 사람으로 대하지 못하는 풍토를 만드는 것 같다고 답답해했다. 그러면서 자신은 동네 슈퍼마켓이나 식당에 갈 때도 조심스러워진다고 전했다. 자신도 언제든 피해자에서 피의자(범죄의 혐의가 있어서 정식으로 입건되었으나, 아직 공소 제기가 되지 아니한 사람)가 될 수 있다며 스스로를 경계한단다. 그 때문에 진숙 씨의 남편은 피곤하다. 식당에서 주문한 음식에 머리카락이 나와도 항의하지 못하게 하는 진숙 씨 때문이다.

"남편 입장에서는 돈 내고 먹는 건데 충분히 그럴 수 있죠. 그런데 우리가 뭐라고 하면 종업원은 자기 잘못도 아닌데 죄송하다고 할 거 아니에요. 그렇게 만들기 싫어서요."

과부 마음은 홀아비가 안다고 했던가. 직접 당해봤기에 나오는 사람에 대한 배려다.

그런데 세상엔 사람의 속사정을 헤아리지 못하는 사람들이 너무 많다. 영화에서 회사의 관리자에겐 비정규직을 자르는 일은 너무도 쉬웠다. 그리고 말한다. "반찬값이나 벌러 나오는 아줌마들"이라고. 현실은 달랐다. 영화의 주인공만 해도 이혼 후 홀로 아이를 키우거나 남편과 떨어져 있으면서 생활을 책임지고 있는 여성들이었다. 어엿한 생활인들이기에 이들은 회사의 말처럼 쉽게 자신의 일자리를 놓아버릴 수 없었다. 노동조합을 만들고 불이 꺼진 마트를 점거하고 쏟아지는 물줄기를 버티면서 투쟁을 한다. 그 과정에서 '함께'의 가치도 찾아간다.

진숙 씨가 홈플러스노동조합을 통해 하고 싶은 일도 바로 이거다. 회사가 시키는 대로 눈치 보면서 살았던 삶에서 조합원들이 '나'를 찾는 것. 그리고 '우리'의 목소리를 내는 것.

〈카트〉의 마지막 부분에서 해고를 당한 마트 노동자인 염정아가 마트 안에서 시민들에게 "제발 우리 이야기 좀 들어달라"면서 외친다.

"우리는 투명인간이 아닙니다."

세상의 어떤 노동도 투명인간이 하지 않는다. 살아 숨쉬는, 감정을 가진, 뜨거운 심장을 품고 있는 '사람'들이 해낸다. 진숙 씨는 오늘도 거대한 대형마트 앞에서 이 평범한 진리를 세상에 외치고 있다.

숨은 노동 찾기

초판 1쇄 펴낸날 2015년 12월 24일
초판 4쇄 펴낸날 2024년 12월 16일
지은이 최규화·정윤영·신정임
기획 송기역
펴낸이 박재영
편집 임세현·이다연
마케팅 신연경
디자인 조하늘
제작 제이오
펴낸곳 도서출판 오월의봄
주소 경기도 파주시 회동길 363-15 201호
등록 제406-2010-000111호
전화 070-7704-5018
팩스 0505-300-0518
이메일 maybook05@naver.com
X(트위터) @oohbom
블로그 blog.naver.com/maybook05
페이스북 facebook.com/maybook05
인스타그램 instagram.com/maybooks_05

ISBN 978-89-97889-87-7 03300